JLPT N4
WORD SEARCH

Kanji Reading Puzzles to Master the Japanese-Language Proficiency Test

Ryan J. Koehler

Published by
The East Interpreter

This publication has included word translations (some modified) from the JMdict dictionary files in accordance with the license provisions of the Electronic Dictionaries Research Group. The author of this publication does not claim copyright on these translations. See http://www.edrdg.org/

This publication is in no way affiliated with the Japan Foundation and Japan Educational Exchanges and Services, the official operators of the Japanese-Language Proficiency Test (JLPT). As the operators of the JLPT do not provide an official vocabulary list for the test, the vocabulary included in this book is determined by the author as likely to appear in future tests based on the examination of past tests.

ISBN 978-1-7363088-1-3 (Paperback)

First Edition, 2021.

Published by The East Interpreter
Arlington, Virginia

JapaneseWordSearch.com

目次
Table of Contents

集	空	袋	る	空	つ	つ	お	易	る	産	袋	代
代	代	る	空	時	集	袋	港	る	打	袋	し	め
き	土	打	し	お	き	時	打	集	易	お	打	土
代	る	袋	産	る	出	つ	港	産	港	代	空	産
貿	港	代	め	つ	つ	出	時	め	港	つ	代	代
打	時	空	袋	袋	し	し	引	出	易	し	し	き
出	お	る	打	お	袋	袋	お	し	集	港	時	し
港	引	め	し	出	産	港	袋	貿	る	時	手	出
出	貿	お	め	き	港	貿	土	出	集	港	貿	き
空	産	土	空	引	時	時	易	め	易	打	土	引
引	代	産	き	め	空	産	る	し	き	時	手	代
集	貿	空	産	る	時	つ	手	る	袋	手	め	手

手袋 (てぶくろ)	glove; mitten		お土産 (みやげ)	souvenir given as a gift
貿易 (ぼうえき)	foreign trade		集める (あつ)	to collect; to gather
時代 (じだい)	period; era		引き出し (ひ だ)	drawer
打つ (う)	to hit; to strike		空港 (くうこう)	airport

1

JLPT N4 パズル 2 番目

冷	冷	報	長	険	市	長	発	覧	由	展	長	電
危	課	発	険	険	市	自	発	由	由	市	発	自
危	課	険	電	冷	覧	課	険	発	会	冷	危	冷
出	覧	覧	出	展	課	発	自	覧	市	発	長	電
市	自	出	市	長	電	冷	会	会	自	長	危	覧
出	覧	出	覧	出	報	長	覧	自	冷	報	房	出
展	展	展	報	危	展	民	展	長	冷	課	報	課
課	危	冷	発	市	課	報	発	展	出	展	険	課
危	市	房	課	冷	出	発	展	市	展	自	発	民
会	覧	自	課	危	電	展	長	危	電	由	課	冷
民	自	房	課	冷	市	危	電	由	由	冷	出	課
房	市	報	覧	危	課	険	発	展	課	電	展	民

しゅっぱつ
出発 departure

でんぽう
電報 telegram

じゆう
自由 freedom; liberty

きけん
危険 danger; hazard

かちょう
課長 section manager

しみん
市民 citizen

れいぼう
冷房 cooling; air-conditioning

てんらんかい
展覧会 exhibition

JLPT N4 パズル 3 番目

務	所	生	生	下	折	学	宿	所	え	生	下	学
学	増	る	折	え	折	政	学	務	大	学	る	政
政	宿	所	え	れ	政	ち	生	季	務	え	事	政
学	金	え	務	増	下	え	事	れ	金	え	務	生
る	ち	務	金	下	節	節	お	政	下	節	所	所
え	宿	れ	宿	季	所	持	ち	え	れ	ち	れ	折
ち	宿	治	お	季	学	事	大	節	生	る	政	れ
務	宿	お	下	大	れ	事	務	治	え	学	事	る
ち	学	季	れ	治	政	学	れ	お	れ	れ	大	生
ち	持	金	お	事	下	え	政	節	れ	え	所	金
務	折	折	る	折	季	え	金	る	金	下	増	持
季	持	事	治	務	季	政	政	務	持	え	季	る

だいがくせい 大学生	university student	じむしょ 事務所	office
きせつ 季節	season; time of year	かねも お金持ち	rich person
げしゅく 下宿	boarding; lodging	お 折れる	to break; to snap
ふ 増える	to increase	せいじ 政治	politics; government

JLPT N4 パズル 4 番目

馳	る	る	え	切	踊	文	ご	ご	換	り	乗	学
長	ご	え	文	部	乗	ご	文	踊	祈	長	文	る
親	ご	換	馳	り	ご	文	馳	馳	踊	乗	見	見
文	換	り	踊	見	親	る	る	乗	文	り	部	踊
踊	踊	乗	り	り	祈	親	る	長	馳	り	見	走
部	部	見	え	親	文	馳	走	文	換	部	切	学
換	親	る	換	親	ご	切	長	踊	祈	祈	部	乗
ご	親	親	部	長	ご	り	走	走	見	親	踊	踊
る	走	え	馳	祈	切	馳	部	祈	見	馳	り	見
切	踊	り	ご	乗	ご	文	見	学	見	り	親	切
り	え	え	馳	り	踊	踊	走	部	切	換	走	走
ご	親	る	え	見	え	ご	親	り	換	部	見	る

踊る (おどる) — to dance

部長 (ぶちょう) — department head

乗り換える (のりかえる) — to transfer (trains)

見える (みえる) — to be seen; to be in sight

親切 (しんせつ) — kind; gentle

文学 (ぶんがく) — literature

祈る (いのる) — to pray; to wish

ご馳走 (ちそう) — feast; treating (someone)

JLPT N4 パズル 5番目

飛	役	手	坊	ん	す	坊	太	に	探	探	立	場
場	に	転	口	口	る	転	場	計	人	転	人	場
す	つ	運	す	画	ん	転	行	役	転	る	計	立
人	る	ん	画	役	口	立	場	赤	に	つ	運	場
ん	す	探	行	行	太	画	つ	運	立	場	運	に
役	人	ん	ん	る	役	口	す	坊	つ	役	運	転
役	探	坊	ん	計	口	行	口	場	人	立	画	口
運	坊	計	計	転	に	口	役	る	赤	転	転	に
赤	転	人	る	立	場	行	画	探	立	役	役	運
赤	飛	行	行	に	行	手	す	人	赤	場	つ	行
人	手	探	転	人	飛	人	坊	手	坊	画	赤	計
行	太	つ	る	飛	つ	行	場	役	場	つ	計	太

うんてんしゅ
運転手 — driver; chauffeur

じんこう
人口 — population

さが
探す — to search for

あか ぼう
赤ん坊 — baby; infant

ひ こうじょう
飛行場 — airfield

けいかく
計画 — plan; schedule

ふと
太る — to gain weight

やく た
役に立つ — to be helpful; to be useful

火 む い い し 田 す す 失 火 火 火 火
火 火 用 失 失 田 田 失 舎 起 済 用 起
田 用 す す 悲 田 む 火 火 田 済 す 敗
敗 悲 用 硬 む 事 悲 用 す す い い い
す む 失 悲 田 用 む 意 済 し 済 し す
田 硬 用 敗 し 事 硬 む 意 意 悲 火 火
む 事 事 い 用 し 敗 む 悲 火 起 し 済
す 失 田 い 事 火 用 舎 し 失 田 火 用
硬 悲 火 む 舎 敗 硬 し む 悲 い す 用
硬 済 起 硬 硬 む む 起 敗 む 火 済 田
失 用 硬 起 用 い 田 敗 田 田 起 意 事
舎 事 失 悲 敗 悲 火 い す 事 失 む し

かた 硬い	hard; solid; tough		す 済む	to finish; to be completed
かじ 火事	fire		かな 悲しい	sad; unhappy
おこ 起す	to wake up		いなか 田舎	rural area
ようい 用意	preparation		しっぱい 失敗	failure; mistake

要	る	け	具	素	事	う	慣	ら	ら	払	し	要
要	て	払	要	る	育	し	ら	必	負	て	し	育
慣	育	れ	し	要	う	し	払	慣	育	け	い	払
い	払	る	る	要	要	事	合	て	素	事	素	事
合	具	ら	慣	合	慣	け	合	い	素	必	合	る
故	れ	れ	要	け	う	故	負	故	負	う	け	要
て	る	故	故	い	け	い	い	払	れ	負	て	払
必	け	て	素	要	故	慣	し	て	て	う	れ	け
必	素	る	払	ら	合	払	ら	必	必	て	故	負
い	払	し	育	素	慣	合	晴	事	素	素	れ	事
育	必	素	具	い	合	事	素	ら	け	慣	要	払
い	て	い	具	て	て	必	事	る	合	必	う	要

払う〔はら〕	to pay (e.g. money, bill)	事故〔じこ〕	accident; incident
必要〔ひつよう〕	necessary; essential	育てる〔そだ〕	to raise; to rear
慣れる〔な〕	to get used to	負ける〔ま〕	to lose; to be defeated
具合〔ぐあい〕	condition; state	素晴らしい〔すば〕	wonderful; magnificent

7

花	話	花	見	世	花	踏	見	か	柔	い	柔	か
招	る	る	る	待	い	む	下	笑	る	う	花	う
笑	花	待	見	ら	ぐ	世	笑	ぐ	踏	る	踏	ら
騒	い	い	る	下	う	世	か	踏	騒	招	招	花
か	見	見	柔	話	見	踏	い	話	踏	話	世	招
柔	踏	ら	る	招	ら	笑	花	踏	踏	踏	柔	か
か	柔	花	騒	る	招	下	い	ら	花	る	花	待
下	下	い	踏	踏	話	踏	る	笑	柔	笑	ら	る
む	ぐ	い	見	ら	話	話	る	待	ぐ	柔	柔	る
ぐ	る	世	笑	世	笑	見	む	笑	い	ら	踏	見
る	招	見	見	待	笑	招	笑	話	か	ら	ぐ	る
ら	踏	い	る	招	う	踏	ぐ	い	招	ぐ	む	招

しょうたい 招待	invitation	ふ 踏む	to step on
はな み 花見	cherry blossom viewing	さ が 下る	to go down
やわ 柔らかい	soft; tender	さわ 騒ぐ	to make noise
わら 笑う	to laugh	せ わ 世話	looking after; care

JLPT N4 パズル 9番目

止	則	所	調	調	規	場	規	め	べ	急	め	し
る	調	し	急	則	急	彼	濡	調	れ	い	規	れ
彼	止	め	則	る	所	れ	彼	女	止	し	し	め
彼	急	所	め	し	彼	則	調	場	る	行	急	る
調	場	べ	濡	行	寂	寂	調	れ	調	べ	濡	め
急	濡	場	規	べ	行	行	所	寂	急	規	し	し
女	場	彼	寂	場	べ	所	規	濡	め	止	場	べ
調	し	し	行	る	い	止	れ	規	彼	調	し	規
行	い	止	れ	場	場	則	寂	彼	れ	寂	べ	濡
寂	る	彼	し	調	れ	止	べ	場	濡	女	止	る
調	場	規	い	則	場	し	め	れ	る	め	場	め
濡	い	場	調	行	め	彼	る	る	急	い	規	調

かのじょ 彼女	she; her	しら 調べる	to investigate; to look up
さび 寂しい	lonely	きそく 規則	rule; regulation
と 止める	to stop; to turn off	きゅうこう 急行	express (train)
ぬ 濡れる	to get wet	ばしょ 場所	place; location

争 二 建 さ 競 い 落 争 美 し る さ 建
る 階 週 週 階 建 て 建 さ 業 る 階 然
二 業 週 二 競 て 卒 全 来 二 二 る 美
週 競 美 工 週 競 卒 る 週 全 る 階 工
工 建 て 週 工 来 工 美 し 二 工 落 工
さ 来 美 建 競 二 階 全 る 二 い 卒 階
階 卒 て 落 然 る 来 美 業 て 業 し し
し 二 美 い 週 然 卒 い し 美 争 二 全
二 然 来 し 美 い 週 工 全 て 争 い 然
二 い 工 全 建 工 落 競 競 い 階 二 い
業 工 階 二 二 さ 全 い し 争 卒 来 建
し 競 て い る 二 落 建 全 美 建 し

さ来週	week after next	卒業	graduation
競争	competition; contest	二階建て	two-storied building
美しい	beautiful; lovely	落る	to fall down
全然	(not) at all	工業	manufacturing industry

さ来週 (らいしゅう) — week after next
卒業 (そつぎょう) — graduation
競争 (きょうそう) — competition; contest
二階建て (に かい だ) — two-storied building
美しい (うつく) — beautiful; lovely
落る (おち) — to fall down
全然 (ぜんぜん) — (not) at all
工業 (こうぎょう) — manufacturing industry

JLPT N4 パズル 11 番目

特	立	講	今	気	美	特	度	嘩	館	経	美	に
特	気	術	空	嘩	立	立	立	喧	術	度	講	立
験	今	義	特	嘩	度	美	る	義	立	経	経	美
美	講	嘩	館	験	立	る	て	経	嘩	特	て	に
嘩	嘩	特	嘩	館	空	空	特	る	義	美	気	気
義	度	て	験	美	る	講	に	嘩	経	て	気	経
空	に	に	美	館	経	館	立	空	て	義	経	館
術	今	空	美	に	験	る	講	特	館	る	に	嘩
立	立	経	義	今	て	術	今	嘩	る	度	に	美
義	今	館	に	立	る	術	る	度	館	術	美	喧
嘩	て	気	経	嘩	る	立	喧	立	て	特	立	講
験	術	義	度	義	今	術	気	義	立	空	特	特

美術館 びじゅつかん	art museum	喧嘩 けんか	quarrel; fight
講義 こうぎ	lecture	特に とく	particularly; especially
立てる た	to stand up	空気 くうき	air; atmosphere
今度 こんど	this time; now	経験 けいけん	experience

JLPT N4 パズル 12 番目

い	こ	の	物	の	勝	医	最	学	こ	忘	の	これ
最	天	後	医	こ	会	忘	し	の	し	忘	気	れ
天	物	天	会	こ	間	こ	間	学	報	間	つ	嬉
報	の	最	こ	物	医	つ	し	最	学	嬉	予	気
嬉	学	会	会	最	し	い	報	医	し	つ	嬉	学
嬉	天	い	間	れ	場	天	気	い	天	間	こ	嬉
天	後	天	天	気	天	つ	最	会	会	い	学	忘
報	勝	こ	予	場	こ	気	最	し	最	予	の	の
後	医	つ	会	い	い	物	場	忘	報	の	場	予
報	場	間	気	学	後	こ	物	学	嬉	学	れ	後
予	嬉	予	物	忘	こ	勝	天	れ	最	最	学	最
最	会	気	後	天	気	予	報	天	忘	場	こ	し

医学 （いがく）	study of medicine	最後 （さいご）	end; conclusion
この間 （あいだ）	the other day; recently	嬉しい （うれ）	happy; glad
天気予報 （てんきよほう）	weather forecast	会場 （かいじょう）	assembly hall
勝つ （か）	to win	忘れ物 （わす もの）	lost article; something forgotten

12

捨	放	届	入	入	泳	方	る	る	逃	る	届	送
て	入	捨	逃	ぎ	放	け	放	方	母	て	母	逃
放	学	る	送	学	逃	ぎ	方	る	ぎ	放	届
祖	逃	母	方	て	捨	ぎ	げ	逃	学	け	方	母
届	泳	学	送	届	放	逃	捨	る	て	捨	届	送
方	る	方	方	入	逃	逃	入	母	科	ぎ	届	放
げ	科	届	け	逃	て	放	げ	け	送	送	祖	届
ぎ	る	方	科	祖	逃	科	届	泳	逃	祖	入	送
泳	放	入	方	放	届	学	て	捨	学	げ	祖	る
逃	祖	ぎ	ぎ	て	母	届	放	祖	届	届	る	逃
母	届	送	泳	げ	学	学	逃	て	ぎ	放	科	る
泳	ぎ	け	捨	方	学	方	放	母	届	ぎ	科	る

とど 届ける	to deliver; to send	す 捨てる	to throw away
ほうそう 放送	broadcast	か がく 科学	science
およ かた 泳ぎ方	way of swimming	そ ぼ 祖母	grandmother
にゅうがく 入学	school enrollment	に 逃げる	to escape; to run away

支	り	り	り	ぶ	し	久	り	度	遠	り	壊	く
れ	し	き	押	壊	押	直	ぶ	壊	く	れ	押	通
押	ぶ	遠	壊	き	し	度	押	る	度	し	遠	度
通	し	久	度	き	る	押	く	き	り	入	直	る
押	く	入	ぶ	生	る	ぶ	し	ぶ	生	久	支	き
く	直	通	れ	生	き	壊	生	し	生	久	入	る
く	き	き	通	遠	し	壊	度	入	通	生	き	入
ぶ	ぶ	押	壊	れ	壊	久	生	き	押	く	押	る
る	る	生	支	し	通	押	入	し	度	く	れ	る
し	ぶ	く	ぶ	支	通	ぶ	通	壊	支	り	壊	き
し	生	支	る	支	れ	久	れ	入	き	れ	生	押
久	支	通	押	り	る	る	久	壊	遠	壊	久	遠

壊れる（こわれる）	to be broken; to break	直る（なおる）	to be repaired
久しぶり（ひさしぶり）	a long time (since the last time)	押し入れ（おしいれ）	closet
生きる（いきる）	to live; to exist	支度（したく）	preparations; equipment
通る（とおる）	to go past; to pass through	遠く（とおく）	far away; distant

JLPT N4 パズル 15 番目

対	う	盗	反	番	送	構	日	別	盗	別	る	対
盗	送	組	構	日	日	む	む	反	構	構	対	構
特	送	反	む	送	反	る	う	む	む	構	反	別
特	番	光	特	日	記	番	組	記	特	番	構	送
む	む	光	組	る	構	反	記	対	る	盗	日	る
反	む	構	反	る	組	る	特	構	る	組	対	対
番	光	別	む	日	特	盗	組	対	別	別	構	送
反	番	構	組	う	盗	反	う	送	記	る	う	特
構	別	盗	反	む	記	る	う	記	う	組	う	る
別	記	別	光	む	構	組	う	組	る	対	特	日
む	光	盗	る	特	む	送	送	別	む	む	送	反
番	記	う	別	反	光	う	記	反	記	む	番	反

番組 (ばんぐみ)	TV show	構う (かま)	to care about
盗む (ぬす)	to steal	光る (ひか)	to shine; to be bright
日記 (にっき)	diary	反対 (はんたい)	reverse; opposite
特別 (とくべつ)	special	送る (おく)	to send; to transmit

盛	息	喜	る	盛	子	捕	ん	喜	息	冷	泊	う
捕	泊	捕	子	う	る	冷	ぶ	冷	泊	ぶ	え	ま
泊	子	ん	か	う	か	盛	ま	う	ま	る	盛	息
子	え	捕	向	ぶ	移	向	ん	泊	ん	喜	う	る
か	ん	ぶ	る	う	ん	冷	か	う	泊	ん	う	泊
向	子	ま	盛	子	移	ぶ	か	る	ま	子	子	泊
ぶ	向	ま	子	向	え	ぶ	泊	ま	向	盛	捕	う
る	か	泊	る	る	泊	移	冷	ん	ぶ	向	泊	う
え	冷	え	る	冷	移	か	ぶ	え	ぶ	え	ま	ん
ま	泊	ぶ	る	か	捕	ん	え	子	移	子	る	息
捕	息	ぶ	え	ぶ	ま	冷	ぶ	移	か	え	泊	子
え	る	息	盛	う	泊	ま	ぶ	ま	ま	移	移	移

喜ぶ（よろこぶ） — to be delighted

盛ん（さかん） — prosperous; flourishing

捕まえる（つかまえる） — to capture; to arrest

向かう（むかう） — to face

移る（うつる） — to move (houses)

息子（むすこ） — son

冷える（ひえる） — to become cold (temperature)

泊まる（とまる） — to stay at (e.g. hotel)

品	割	品	生	生	品	れ	品	地	れ	似	複	品
似	食	る	生	似	活	料	汚	会	会	れ	食	活
似	料	複	複	地	食	品	話	活	地	雑	震	汚
食	活	料	割	地	割	品	れ	品	会	会	雑	雑
汚	れ	る	食	雑	汚	複	話	料	震	会	活	活
割	活	割	話	複	震	割	話	品	汚	る	雑	会
会	震	地	地	話	る	品	雑	食	生	割	汚	割
活	品	れ	複	汚	活	地	生	似	会	食	汚	雑
食	話	料	汚	品	る	汚	汚	品	割	割	生	雑
汚	れ	生	る	雑	る	話	汚	れ	活	品	似	食
れ	汚	話	れ	話	料	生	震	れ	似	活	れ	生
複	れ	雑	割	品	複	食	料	話	料	る	品	割

汚れる	to become dirty	複雑	complex; complicated
地震	earthquake	似る	to be similar (in status, condition, etc.)
割れる	to break; to be smashed	生活	living; daily life
会話	conversation	食料品	foodstuff

べ	棒	棒	由	文	習	べ	比	棒	べ	由	由	細
い	い	棒	文	い	習	習	習	確	投	比	確
棒	投	細	る	習	げ	由	投	い	由	べ	化	棒
べ	い	化	げ	文	い	習	べ	い	文	い	投	か
い	復	細	投	文	べ	細	確	棒	理	か	文	る
棒	復	復	か	げ	復	比	投	い	理	細	泥	復
る	泥	文	比	理	復	細	る	い	復	投	理	投
細	か	か	化	か	文	文	細	理	理	習	か	復
げ	泥	げ	い	由	げ	文	泥	る	泥	確	泥	化
る	べ	比	投	か	復	細	投	理	確	習	確	げ
細	比	か	べ	比	い	棒	確	泥	べ	比	る	復
比	る	か	投	復	復	復	化	理	由	文	文	確

泥棒 (どろぼう)	thief		文化 (ぶんか)	culture	
確か (たし)	sure; certain		細かい (こま)	fine; minute	
比べる (くら)	to compare		理由 (りゆう)	reason	
投げる (な)	to throw		復習 (ふくしゅう)	review of learned material	

写	背	景	中	ぶ	景	運	色	浅	背	ぶ	産	運
運	産	浅	察	上	警	上	ぶ	上	背	察	色	色
写	景	中	業	背	ぶ	浅	中	察	写	浅	背	警
業	運	産	る	業	る	背	色	上	警	業	色	業
る	察	い	色	背	運	上	警	背	い	背	運	る
業	ぶ	産	上	察	写	産	警	ぶ	上	色	浅	る
景	す	す	い	背	ぶ	る	景	景	運	中	中	中
運	景	浅	写	上	する	景	運	産	中	す	る	背
中	上	景	写	運	背	警	背	写	い	い	業	浅
い	い	写	景	運	い	景	背	景	写	業	景	ぶ
る	業	察	運	す	運	景	する	浅	景	察	る
い	運	る	色	運	景	産	運	警	ぶ	上	い	る

浅い（あさい）	shallow; superficial	産業（さんぎょう）	industry
背中（せなか）	back (of body)	上る（あがる）	to rise; to go up
警察（けいさつ）	police	写す（うつす）	to duplicate
運ぶ（はこぶ）	to transport; to move	景色（けしき）	scenery

暖	人	周	下	る	し	い	け	珍	珍	合	珍	合
け	し	周	続	合	り	形	房	周	い	る	続	珍
う	房	続	う	暖	続	続	房	合	け	下	周	続
く	受	る	下	い	り	人	珍	る	人	し	形	合
受	い	下	い	く	う	珍	け	く	房	形	い	い
け	り	珍	暖	る	周	人	暖	房	周	続	け	暖
る	し	る	人	人	暖	暖	る	う	く	い	受	周
周	珍	続	人	下	う	形	く	る	し	い	形	続
け	房	け	珍	周	う	る	合	人	受	く	珍	受
房	受	形	り	う	続	暖	い	下	下	け	し	合
下	下	下	暖	暖	い	り	暖	形	珍	房	い	り
け	房	る	い	暖	珍	い	い	下	る	り	受	合

にんぎょう 人形	doll	めずら 珍しい	unusual; rare
あ 合う	to fit; to match	つづ 続く	to continue
お 下りる	to get off; to disembark	まわ 周り	surroundings
う 受ける	to take (a test)	だんぼう 暖房	(indoor) heating

選	初	む	む	戻	決	ら	ぶ	戻	戻	せ	止	選
ら	せ	決	知	む	く	初	知	知	泣	せ	泣	く
必	ず	ぶ	せ	選	く	初	止	る	最	ら	決	必
最	せ	戻	必	最	せ	選	せ	泣	初	ぶ	せ	止
必	戻	決	決	ぶ	ず	ら	必	必	戻	選	る	ず
む	決	最	く	ら	知	戻	止	泣	最	止	む	む
ぶ	戻	ら	せ	る	選	最	必	決	止	必	最	決
ら	泣	初	む	最	ら	決	知	初	泣	る	止	ら
ら	ず	せ	戻	知	ら	選	ず	む	む	知	最	ら
最	ぶ	く	選	止	ら	止	ず	く	初	く	ぶ	く
ぶ	止	決	ず	知	泣	る	せ	る	戻	必	む	決
初	る	最	決	ず	ら	ぶ	ず	最	む	ら	決	せ

止む（や）	to cease; to stop		戻る（もど）	to return; to go back
必ず（かなら）	always; without exception		選ぶ（えら）	to choose; to select
泣く（な）	to cry		決る（きま）	to be decided
最初（さいしょ）	beginning; first		知らせる（し）	to inform

予	予	れ	合	定	等	く	数	数	念	高	合	学
校	動	校	校	る	数	場	残	等	場	定	校	る
校	校	驚	等	れ	驚	る	数	合	等	学	念	く
残	等	れ	学	校	数	れ	等	遅	定	校	学
学	校	念	定	学	定	動	高	合	く	遅	予	念
学	く	等	等	場	く	念	れ	合	校	遅	念	場
合	等	高	動	予	高	定	動	る	動	場	場	驚
学	れ	動	る	数	高	驚	合	数	予	遅	学	動
高	動	動	定	学	念	合	合	れ	予	合	残	校
る	等	れ	る	定	等	高	高	る	念	合	予	合
念	残	驚	れ	学	等	念	念	く	高	く	遅	残
く	予	合	遅	高	等	場	驚	高	く	れ	数	遅

すうがく 数学	mathematics; arithmetic	ざんねん 残念	unfortunate
うご 動く	to move; to stir	よ てい 予定	plans; schedule
おく 遅れる	to be late; to be delayed	ば あい 場合	case; situation
おどろ 驚く	to be surprised	こうとうがっこう 高等学校	high school

地	性	中	男	魔	男	男	寝	寝	る	持	地	邪
理	性	寝	魔	地	気	ち	魔	魔	性	寝	真	寝
る	ち	理	ち	塗	地	坊	る	理	男	る	真	魔
ち	気	塗	気	魔	寝	男	気	持	男	ち	魔	男
魔	持	坊	坊	持	気	真	坊	邪	気	る	理	気
持	性	中	中	魔	男	持	地	地	寝	魔	坊	中
持	邪	理	持	る	理	気	中	持	触	ち	ち	塗
男	気	寝	持	理	性	触	ち	坊	持	る	真	塗
男	持	触	ち	持	坊	坊	ち	男	坊	地	ち	る
魔	塗	触	持	ち	持	中	気	真	持	持	地	寝
寝	魔	邪	気	地	魔	坊	気	地	塗	塗	性	ち
中	る	地	地	真	中	性	塗	ち	塗	気	邪	寝

だんせい 男性	man; male	ぬ 塗る	to spread; to smear
ねぼう 寝坊	oversleeping	まなか 真中	middle; center
きも 気持ち	feeling; mood	ちり 地理	geography
さわ 触る	to touch	じゃま 邪魔	hindrance; interruption

動	き	物	引	痩	出	出	出	い	思	見	折	考
折	見	園	折	き	動	る	動	舞	動	き	見	思
法	舞	お	い	見	舞	見	動	見	引	動	物	園
思	折	い	考	せ	引	折	動	お	お	見	痩	物
出	見	法	せ	せ	せ	き	い	見	い	見	引	す
出	い	え	物	考	見	る	出	引	園	園	痩	律
き	い	思	痩	る	動	痩	考	す	法	痩	痩	見
せ	動	痩	い	律	考	引	る	す	き	痩	引	痩
考	す	折	お	い	す	え	見	思	折	い	見	せ
せ	出	せ	え	す	え	る	出	園	律	る	動	る
園	考	見	物	引	思	思	折	痩	出	す	え	き
す	え	せ	律	引	思	思	折	律	律	え	き	物

かんが
考える — to consider

どうぶつえん
動物園 — zoo

おも だ
思い出す — to remember

ひ だ
引き出す — to pull out; to withdraw

お
折る — to break; to snap off

や
痩せる — to become thin; to lose weight

ほうりつ
法律 — law

み ま
お見舞い — visiting someone who is ill

JLPT N4 パズル 25 番目

射	ず	か	習	褒	い	恥	恥	足	予	以	る	め
予	心	褒	ず	し	り	ず	か	注	予	り	り	り
予	か	射	射	足	り	恥	し	褒	い	め	足	注
以	予	褒	め	近	か	射	以	足	る	い	か	所
足	る	褒	習	め	る	習	射	射	熱	る	か	以
所	外	熱	熱	る	射	習	し	所	習	か	い	る
足	射	か	以	恥	恥	し	り	心	予	し	し	か
る	注	ず	所	予	る	ず	以	足	近	り	か	射
か	足	か	熱	心	注	り	射	外	所	る	ず	心
褒	注	習	る	予	か	褒	射	習	足	以	恥	か
め	か	外	ず	る	め	習	褒	恥	射	褒	ず	予
射	褒	心	恥	る	ず	外	り	所	以	る	か	り

ねっしん 熱心	enthusiastic; eager		きんじょ 近所	neighborhood
た 足りる	to be sufficient; to be enough		は 恥ずかしい	embarrassed; shy
いがい 以外	with the exception of		ちゅうしゃ 注射	injection
ほ 褒める	to compliment		よしゅう 予習	preparation for a lesson

JLPT N4 パズル 26 番目

車	内	ち	治	赤	社	社	聞	聞	赤	治	社	聞
釣	社	釣	車	ち	汽	経	汽	新	以	内	る	る
聞	経	赤	済	治	赤	済	治	以	済	ゃ	見	聞
以	ち	ん	車	ん	り	ゃ	以	済	ゃ	る	内	内
聞	車	済	以	る	り	新	車	赤	ん	社	新	社
お	ゃ	釣	釣	ち	社	ゃ	ん	経	お	お	聞	聞
赤	治	り	新	ん	拝	赤	お	釣	経	聞	社	お
以	見	聞	社	車	済	拝	り	車	汽	以	済	お
済	新	ん	釣	お	拝	赤	社	以	ゃ	お	釣	お
汽	以	拝	ゃ	治	見	ち	社	る	聞	社	見	聞
ゃ	以	ん	お	赤	治	ゃ	汽	見	ゃ	赤	釣	治
汽	拝	ん	社	以	聞	ん	釣	新	治	り	治	以

拝見 (はいけん)	seeing; looking at		汽車 (きしゃ)	steam train
赤ちゃん (あか)	baby		新聞社 (しんぶんしゃ)	newspaper company
以内 (いない)	within; inside of; less than		経済 (けいざい)	economy; economics
お釣り (つ)	change (for a purchase)		治る (なお)	to recover (from an illness)

く	住	住	法	海	鳥	岸	岸	世	鳥	鳥	所	界
楽	界	法	世	焼	鳥	岸	文	楽	文	む	住	道
く	く	所	む	法	楽	岸	小	道	住	焼	海	小
所	所	鳥	法	鳥	法	世	小	海	海	海	文	住
水	く	水	界	住	水	住	道	世	焼	水	く	文
楽	界	く	小	世	く	む	道	世	岸	道	楽	海
文	水	む	む	文	む	界	岸	楽	法	く	楽	焼
焼	む	焼	道	焼	水	水	海	小	く	水	小	焼
界	道	岸	法	焼	小	く	世	世	法	文	世	鳥
海	法	楽	小	岸	岸	水	く	岸	所	道	む	法
楽	法	道	道	法	住	く	小	道	法	岸	楽	小
住	海	所	海	焼	焼	楽	楽	岸	住	楽	文	住

ぶんぽう 文法	grammar	**じゅうしょ** 住所	address (e.g. of a house)
たのし 楽む	to enjoy oneself	**や** 焼く	to roast; to grill
かいがん 海岸	coast; beach	**ことり** 小鳥	small bird
すいどう 水道	water service	**せかい** 世界	the world

家 続 社 て る 味 合 方 方 神 続 け 合
試 家 る 続 る 理 味 神 味 内 両 味 続
神 け 建 神 理 味 建 て て け 内 両 続
家 家 理 て 方 両 合 神 噌 け 内 合 建
家 無 両 社 合 味 建 け 噌 る 味 内 無
噌 建 け 噌 理 方 神 理 合 て 噌 て る
合 る 家 家 試 続 家 味 理 建 無 両 内
噌 社 け 方 無 神 方 建 家 噌 け 無 両
神 試 家 る 方 神 理 噌 社 社 家 社 両
神 味 無 る け 神 神 噌 る 試 家 合 合
て 方 社 味 試 続 試 建 る 家 内 両 け
て 続 内 方 内 神 内 る 神 合 続 建 噌

試合 しあい	match; game	味噌 みそ	miso
両方 りょうほう	both; both sides	建てる た	to build; to construct
家内 かない	(my) wife	続ける つづ	to continue; to keep on doing
神社 じんじゃ	Shinto shrine	無理 むり	impossible

昼	柔	れ	道	り	連	る	合	昼	り	将	柔	柔
柔	る	談	談	昼	談	物	み	談	道	連	割	合
れ	れ	都	連	れ	る	都	贈	れ	来	柔	み	連
相	り	道	連	道	る	り	昼	連	る	都	り	み
柔	贈	将	贈	み	柔	れ	連	連	道	休	休	り
昼	相	談	贈	割	相	物	相	り	連	れ	休	み
昼	割	る	物	来	り	合	柔	り	連	み	道	来
休	来	贈	柔	贈	る	昼	来	る	連	来	物	昼
物	将	贈	相	り	り	休	柔	贈	相	都	れ	み
柔	み	割	物	る	昼	み	休	る	相	物	道	物
休	れ	柔	将	将	将	る	柔	物	来	道	談	休
相	将	都	将	道	道	贈	都	合	み	休	来	れ

昼休み (ひるやすみ)	lunch break	**連れる** (つれる)	to be accompanied by
割合 (わりあい)	ratio; percentage	**柔道** (じゅうどう)	judo
贈り物 (おくりもの)	gift	**将来** (しょうらい)	the future
相談 (そうだん)	consultation; discussion	**都合** (つごう)	circumstances

訳	急	守	す	守	訳	り	礼	急	守	沸	守	り
守	急	翻	か	急	守	沸	沸	か	か	ぐ	取	訳
す	す	史	沸	歴	取	翻	礼	り	申	守	ぐ	歴
り	礼	沸	替	申	守	留	る	す	歴	ぐ	り	お
ぐ	訳	礼	史	翻	か	訳	史	留	訳	ぐ	訳	申
お	急	訳	史	ぐ	取	取	申	礼	史	る	取	か
申	え	る	ぐ	か	り	翻	沸	沸	る	す	翻	申
史	留	沸	歴	替	お	歴	急	礼	歴	史	り	歴
る	訳	え	え	申	守	替	替	お	守	お	留	留
翻	る	る	替	訳	急	歴	ぐ	訳	お	翻	り	沸
か	翻	か	え	か	る	か	ぐ	申	守	守	取	翻
急	史	礼	沸	申	留	沸	替	歴	お	え	り	翻

沸かす（わ）	to boil; to heat	
留守（る す）	absence; being away from home	
取り替える（と か）	to exchange	
歴史（れき し）	history	
申す（もう）	to say; to be called	
急ぐ（いそ）	to hurry; to rush	
お礼（れい）	thanks; gratitude	
翻訳（ほんやく）	translation	

一	い	命	包	懸	む	う	い	一	命	厳	厳	生
む	し	匂	命	灯	む	厳	単	む	簡	思	電	む
し	足	足	単	む	う	単	む	電	う	包	一	電
一	う	電	厳	厳	む	灯	す	し	簡	生	一	生
む	う	厳	し	命	単	命	単	厳	懸	命	匂	厳
し	い	厳	し	む	思	電	し	命	う	単	灯	電
む	命	生	一	足	し	い	電	簡	す	す	む	す
む	厳	う	厳	電	簡	単	思	命	包	生	思	電
匂	命	匂	厳	し	匂	す	匂	足	し	命	厳	す
す	厳	し	簡	命	す	一	簡	足	い	電	単	厳
命	う	す	足	匂	匂	包	生	し	一	む	懸	灯
電	匂	懸	包	命	し	む	一	厳	思	簡	し	匂

思う (おもう)	to think	電灯 (でんとう)	electric light
包む (つつむ)	to wrap up; to pack	足す (たす)	to add (numbers)
厳しい (きびしい)	severe; strict	匂い (におい)	odor; smell
簡単 (かんたん)	simple; easy	一生懸命 (いっしょうけんめい)	with all one's effort

す	不	お	る	便	祝	便	挨	婦	お	お	受	拶
お	護	祝	拶	お	拶	お	る	護	不	拶	謝	い
護	謝	い	便	い	る	い	お	看	護	お	お	祝
護	婦	拶	便	受	受	い	い	便	婦	す	不	謝
便	祝	す	す	拶	い	挨	受	付	い	拶	る	婦
い	い	お	看	お	滑	護	す	謝	婦	婦	便	す
る	拶	拶	付	お	する	便	護	挨	婦	お	お	祝
受	便	滑	護	する	る	挨	受	お	謝	挨	お	直
護	便	祝	便	付	婦	拶	看	護	挨	付	す	看
受	直	謝	挨	す	い	い	婦	る	お	護	便	受
挨	婦	看	す	看	付	挨	不	滑	お	謝	滑	滑
拶	看	受	る	お	看	い	直	便	付	護	受	滑

滑る (すべる)	to slide (e.g. on skis)	受付 (うけつけ)	receipt; acceptance
直す (なおす)	to repair	看護婦 (かんごふ)	female nurse
お祝い (いわい)	congratulations	不便 (ふべん)	inconvenience
挨拶 (あいさつ)	greetings; salutation	謝る (あやまる)	to apologize

JLPT N4 パズル 33 番目

迎	指	聞	釣	げ	例	違	し	迎	り	え	上	釣
え	上	差	ば	指	迎	し	え	こ	間	例	え	迎
り	上	違	間	え	帰	聞	帰	迎	釣	釣	げ	迎
り	迎	帰	違	ば	り	迎	る	輪	釣	指	こ	え
り	釣	違	え	げ	え	迎	迎	え	帰	え	げ	聞
上	間	例	迎	る	ば	上	る	上	違	上	聞	げ
し	間	る	指	り	り	聞	し	間	し	間	上	し
こ	聞	り	え	指	聞	り	ば	る	え	こ	聞	指
指	釣	上	差	指	聞	間	聞	迎	こ	ば	例	え
え	釣	上	る	し	る	間	差	間	こ	例	る	聞
ば	上	輪	ば	迎	釣	え	る	迎	げ	聞	違	差
ば	聞	間	り	差	し	上	げ	る	指	輪	え	迎

差(さ)し上(あ)げる	to give; to offer	釣(つ)る	to fish
迎(むか)える	to go out to meet	帰(かえ)り	return; coming back
例(たと)えば	for example; for instance; e.g.	指輪(ゆびわ)	finger ring
聞(き)こえる	to be heard; to be audible	間違(まちが)える	to make a mistake in

約	関	備	束	し	慣	く	準	し	く	く	慣	る
院	く	院	束	上	約	く	準	束	入	約	が	し
慣	寄	し	上	召	し	準	召	く	約	係	寄	院
備	し	く	約	習	関	召	く	関	関	乾	院	準
関	院	習	院	る	慣	召	く	院	備	上	束	乾
束	く	準	が	慣	準	準	し	慣	乾	乾	乾	備
慣	院	上	院	寄	上	関	し	備	束	関	慣	し
く	し	備	し	習	習	関	備	乾	乾	院	く	寄
召	院	る	召	入	束	く	院	束	乾	備	る	慣
準	備	係	準	乾	乾	備	習	入	慣	係	入	し
く	係	係	慣	約	約	約	し	が	束	準	寄	準
備	し	乾	準	る	準	習	院	院	る	関	習	召

寄る	to gather in one place	習慣	habit
召し上がる	to eat; to drink	関係	relation; connection
入院	hospitalization	約束	promise; contract; date
乾く	to get dry	準備	preparation; getting ready

JLPT N4 パズル 35 番目

っ	過	度	十	十	さ	綿	十	引	上	過	る	っ
以	引	十	越	一	来	木	一	来	越	っ	度	す
る	ぎ	す	月	ぎ	越	引	っ	月	分	以	す	す
綿	月	十	木	上	綿	っ	過	木	木	一	過	以
っ	る	る	木	度	来	さ	一	上	月	木	壊	さ
綿	上	す	上	す	引	す	来	壊	ぎ	木	来	る
上	一	ぎ	ぎ	上	越	さ	す	上	来	さ	越	一
す	る	る	木	さ	壊	っ	十	る	綿	る	過	越
分	度	以	す	さ	引	度	引	一	上	分	一	月
十	過	来	以	来	す	る	綿	さ	壊	木	っ	過
る	以	月	度	月	越	一	ぎ	る	っ	分	す	月
さ	上	ぎ	上	壊	度	す	ぎ	過	越	さ	以	る

一度 (いちど)	once; one time	十分 (じゅうぶん)	enough; plenty
さ来月 (らいげつ)	month after next	引っ越す (ひこす)	to move (houses)
過ぎる (す)	to exceed	木綿 (もめん)	cotton material
以上 (いじょう)	beyond ... (e.g. one's means)	壊す (こわ)	to break; to destroy

JLPT N4 パズル 36 番目

す	洋	西	る	段	店	る	段	す	楽	の	値	値
み	す	是	み	西	店	す	し	る	る	頃	し	す
頃	す	段	楽	の	段	頃	値	る	み	落	こ	す
飾	段	飾	し	西	み	非	の	し	頃	す	店	こ
非	頃	非	し	段	西	し	員	落	頃	す	る	頃
西	楽	す	る	し	し	段	楽	非	段	洋	の	値
西	楽	非	み	段	こ	洋	落	員	員	落	値	非
す	み	飾	西	の	員	非	洋	み	落	員	飾	頃
す	段	し	頃	飾	是	段	落	落	落	店	の	し
し	段	す	み	し	こ	店	西	店	非	落	す	洋
段	の	し	頃	飾	し	西	段	飾	楽	店	る	是
是	る	み	し	落	員	是	の	飾	る	段	こ	値

値段（ねだん）	price; cost	この頃（ごろ）	these days; nowadays
飾る（かざ）	to decorate	店員（てんいん）	store employee; clerk
落す（おと）	to drop; to lose	楽しみ（たの）	enjoyment; pleasure
是非（ぜひ）	certainly; without fail	西洋（せいよう）	Western countries

お	歯	好	歯	事	歯	事	好	医	事	格	社	医
興	行	味	丁	長	丁	行	寧	味	う	歯	用	用
長	寧	医	お	好	行	者	用	者	宅	丁	味	う
行	行	行	う	者	者	寧	歯	格	格	事	医	好
事	お	宅	用	好	用	味	お	う	医	お	行	味
う	長	医	丁	興	医	長	長	格	事	医	社	お
好	う	好	行	行	歯	長	長	寧	事	格	好	者
長	社	者	者	事	医	寧	行	好	用	医	長	用
用	丁	行	寧	者	者	味	社	歯	興	格	宅	行
長	味	格	社	行	歯	社	者	宅	味	う	格	宅
者	医	行	お	味	医	事	宅	社	宅	社	興	社
丁	寧	格	丁	歯	好	医	社	歯	宅	丁	行	用

しゃちょう **社長**	company president		はいしゃ **歯医者**	dentist
きょうみ **興味**	interest (in something)		ていねい **丁寧**	polite; courteous
たく **お宅**	your house, home, or family		かっこう **格好**	appearance
ようじ **用事**	tasks		おこな **行う**	to perform; to do

沸	残	試	下	く	注	怒	う	注	じ	存	意	怒
試	ご	げ	く	残	験	く	ご	沸	う	試	う	験
げ	験	ご	じ	存	残	う	怒	残	る	う	じ	験
下	験	う	注	じ	下	う	試	試	沸	試	残	う
沸	怒	う	注	げ	る	存	存	意	残	げ	げ	下
意	う	注	る	試	意	く	う	ご	意	う	沸	怒
う	意	沸	注	伺	怒	怒	じ	残	験	下	ご	げ
沸	る	る	下	げ	伺	験	験	下	伺	じ	怒	る
げ	存	ご	意	験	下	存	下	意	じ	怒	存	注
う	げ	る	下	く	下	沸	沸	残	試	げ	験	ご
る	伺	注	沸	怒	存	う	験	ご	沸	意	る	伺
存	沸	注	伺	下	意	残	じ	る	伺	げ	下	じ

おこ 怒る	to get angry	さ 下げる	to hang; to suspend
うかが 伺う	to visit	しけん 試験	exam; test
のこ 残る	to remain; to be left	わ 沸く	to grow hot (e.g. water); to boil
ぞん ご存じ	knowing	ちゅうい 注意	caution; being careful

原	怖	講	い	え	見	合	堂	堂	る	見	究	怖
究	植	味	合	間	見	る	因	究	因	味	合	う
い	趣	堂	原	合	植	堂	る	因	い	に	い	け
う	け	究	う	合	に	間	つ	講	植	い	間	原
講	原	研	に	え	い	原	い	講	見	え	る	間
間	講	怖	因	研	にる	味	原	究	見	つ	う	う
つ	見	講	け	け	る	る	間	け	見	怖	間	合
研	え	え	原	植	見	講	つ	研	け	味	堂	怖
因	う	え	講	植	怖	つ	怖	因	け	う	講	い
間	因	講	因	因	趣	趣	け	究	原	植	植	因
合	因	間	う	堂	間	え	究	る	見	つ	究	怖
植	つ	見	堂	つ	究	い	因	合	え	研	え	怖

けんきゅう		こわ	
研究	research; investigation	怖い	scary; frightening

げんいん		ま あ	
原因	cause; origin; source	間に合う	to be in time for

しゅ み		う	
趣味	hobby; pastime	植える	to plant; to grow

み		こうどう	
見つける	to discover; to come across	講堂	auditorium; lecture hall

し	深	深	校	る	小	小	付	小	集	辞	説	学
付	深	辞	紹	学	正	学	小	辞	辞	く	る	る
小	紹	付	校	い	し	正	学	集	校	し	付	る
紹	正	紹	辞	く	校	る	典	し	校	典	集	し
し	校	付	校	紹	深	付	る	し	辞	深	紹	し
紹	小	校	小	小	集	学	し	学	小	し	学	学
典	く	介	小	紹	く	し	深	付	辞	深	学	紹
学	い	校	介	説	典	校	小	る	深	学	く	い
く	学	小	る	介	付	典	紹	紹	辞	い	紹	る
く	正	学	正	る	る	紹	紹	い	説	校	い	校
小	深	し	学	学	深	し	付	典	い	介	説	校
集	深	典	集	介	し	集	校	小	介	く	い	集

ふか 深い	deep			つ 付く	to be attached	
あつま 集る	to gather; to collect			しょうかい 紹介	introduction	
じてん 辞典	dictionary			しょうがっこう 小学校	elementary school	
しょうせつ 小説	novel; short story			ただ 正しい	right; correct	

わ	通	け	漫	物	代	出	物	漬	け	普	席	父
代	見	父	物	り	け	通	画	け	性	代	け	る
代	女	普	祖	漬	物	祖	物	物	画	見	り	女
り	普	席	代	漫	女	普	画	出	性	祖	り	女
る	け	る	席	性	見	代	席	父	出	わ	漫	女
る	見	性	席	け	漬	け	る	通	代	漬	祖	席
る	漬	画	父	物	漫	通	父	見	父	通	普	性
見	見	女	代	代	漫	父	る	物	わ	け	わ	り
祖	漫	父	画	見	出	女	わ	性	り	わ	女	る
性	画	け	出	け	通	漬	席	見	漫	り	漬	見
物	席	性	け	見	け	物	父	け	る	漫	り	出
通	父	る	り	出	普	け	出	る	け	出	漫	女

漬ける	to soak (in)	出席	attendance
普通	general; usual	代わり	substitute; replacement
漫画	cartoon; comic	女性	woman; female
祖父	grandfather	見物	sightseeing

会	く	教	外	議	亡	育	え	亡	会	安	教	教
亡	全	な	全	る	く	育	議	く	議	え	安	教
え	眠	伝	会	育	郊	安	な	安	え	く	郊	え
な	外	亡	全	会	る	く	教	眠	教	る	安	え
外	え	る	全	え	る	議	外	教	安	え	議	安
く	な	る	伝	く	眠	え	る	亡	外	教	外	教
な	外	え	外	教	会	郊	な	教	伝	眠	伝	外
く	伝	議	亡	亡	伝	郊	全	全	伝	亡	く	議
伝	安	外	く	伝	会	郊	議	伝	教	眠	眠	眠
全	会	な	亡	会	え	る	伝	議	議	郊	会	え
る	る	郊	全	く	亡	外	郊	伝	安	眠	育	伝
亡	教	伝	会	る	教	教	育	え	な	伝	外	全

つた 伝える	to convey; to report	かいぎ 会議	meeting; conference
こうがい 郊外	suburb	な 亡くなる	to die
きょうかい 教会	church	きょういく 教育	education; schooling
ねむ 眠る	to sleep	あんぜん 安全	safety; security

け	台	以	下	室	会	む	る	具	以	け	付	以
け	室	け	る	片	道	片	空	風	室	く	空	風
む	室	室	具	付	け	噛	室	む	片	下	具	け
室	け	く	付	け	く	風	む	以	具	む	る	下
具	進	風	具	る	噛	議	風	空	空	け	風	片
下	道	む	片	会	空	け	台	る	片	空	片	空
下	む	室	片	進	下	台	噛	噛	空	会	議	室
具	具	下	け	台	け	室	空	進	る	室	付	会
く	下	空	進	進	く	風	る	付	片	会	室	く
風	噛	空	会	け	道	風	風	付	片	会	道	む
け	具	以	会	会	る	空	空	片	進	会	付	室
下	議	空	具	片	室	議	議	具	進	道	る	付

空<ruby>空<rt>す</rt></ruby>く	to become less crowded	片付<ruby><rt>かた づ</rt></ruby>ける	to tidy up; to put in order
会議室<ruby><rt>かい ぎ しつ</rt></ruby>	conference room	進<ruby><rt>すす</rt></ruby>む	to make progress; to improve
道具<ruby><rt>どう ぐ</rt></ruby>	tool	噛<ruby><rt>か</rt></ruby>む	to bite
以下<ruby><rt>い か</rt></ruby>	not exceeding	台風<ruby><rt>たい ふう</rt></ruby>	typhoon

JLPT N4 パズル 44 番目

予	校	究	物	際	長	適	長	室	究	校	当	研
究	校	適	約	研	究	当	品	適	品	国	校	研
約	品	う	品	約	物	当	約	際	校	際	約	研
校	長	室	研	高	室	物	物	室	研	品	校	拾
際	研	研	究	適	物	際	高	品	長	研	適	国
研	高	研	校	物	う	究	品	長	予	際	室	う
品	う	予	究	校	国	室	究	予	研	適	室	研
究	予	校	当	う	究	究	予	予	国	高	約	長
物	う	拾	国	当	長	予	品	当	拾	究	高	予
高	長	物	室	室	予	研	室	高	室	際	う	際
約	国	物	予	研	室	予	適	究	品	予	品	適
物	拾	高	室	高	校	国	研	室	当	予	研	予

けんきゅうしつ 研究室	laboratory		こうこう 高校	high school
よやく 予約	reservation; appointment; booking		こうちょう 校長	school principal
ひろ 拾う	to pick up		こくさい 国際	international
しなもの 品物	goods; article; thing		てきとう 適当	suitable; appropriate

主	別	眠	し	し	見	場	つ	人	駐	優	別	見
人	焼	駐	人	れ	つ	れ	場	見	見	車	見	け
見	れ	焼	人	人	暮	眠	見	れ	場	優	る	別
れ	れ	け	車	る	駐	車	場	主	御	見	け	る
御	か	暮	主	焼	け	人	し	し	つ	人	焼	れ
け	か	い	見	優	駐	主	駐	か	車	優	け	暮
る	駐	け	駐	る	車	優	る	し	暮	優	焼	け
眠	見	け	る	別	れ	つ	し	れ	い	御	駐	け
場	か	れ	る	焼	場	見	主	る	れ	か	別	つ
眠	別	場	し	優	し	い	御	焼	る	場	る	見
駐	優	見	れ	別	し	主	見	か	い	け	れ	い
し	眠	る	る	け	人	暮	場	つ	車	車	車	眠

優しい	やさしい	easygoing; kind
御主人	ごしゅじん	husband (someone else's)
駐車場	ちゅうしゃじょう	parking lot
暮れる	くれる	to grow dark
眠い	ねむい	sleepy; drowsy
焼ける	やける	to burn; to be roasted
別れる	わかれる	to separate
見つかる	みつかる	to be found; to be discovered

申	公	明	も	始	公	明	上	る	申	る	げ	務
員	も	争	始	員	機	戦	明	公	最	始	め	務
も	始	め	務	機	公	最	戦	申	る	る	始	げ
明	務	戦	申	申	務	げ	上	る	機	戦	も	し
し	公	務	員	し	説	会	め	申	始	説	め	争
務	戦	公	げ	上	員	会	説	明	員	員	戦	機
め	上	も	戦	げ	申	争	始	員	申	も	申	機
説	務	げ	げ	る	屋	明	上	機	も	争	め	員
め	始	説	会	し	上	務	る	機	務	争	説	機
も	機	め	め	機	始	会	最	し	申	機	め	も
員	上	も	る	機	公	し	務	も	明	公	機	上
も	明	始	げ	最	説	説	機	げ	会	戦	上	説

説明（せつめい）	explanation	屋上（おくじょう）	rooftop
最も（もっと）	most; extremely	始める（はじ）	to start; to begin
公務員（こうむいん）	government worker	機会（きかい）	chance; opportunity
戦争（せんそう）	war	申し上げる（もう・あ）	to say; to tell

り	分	下	場	り	今	気	会	今	分	揺	れ	変
分	え	れ	る	り	下	る	揺	変	揺	変	会	れ
今	社	え	会	分	夜	分	る	る	気	り	着	え
れ	気	社	れ	夜	る	揺	分	え	分	今	え	物
る	場	場	変	え	れ	変	下	れ	る	会	場	下
会	物	社	り	場	揺	気	り	え	気	え	会	着
物	え	揺	着	る	売	気	る	気	れ	今	変	れ
下	え	る	夜	売	り	下	社	り	下	社	社	今
今	え	会	下	揺	れ	今	分	売	社	揺	下	気
今	る	売	今	会	今	社	分	下	売	場	物	場
社	夜	物	え	下	変	れ	変	会	り	れ	変	変
物	れ	社	下	分	物	分	変	気	場	場	着	夜

今夜 こんや	this evening; tonight		変える か	to change; to transform
下着 したぎ	underwear		社会 しゃかい	society
揺れる ゆ	to shake; to sway		気分 きぶん	feeling; mood
着物 きもの	kimono		売り場 うば	selling area; counter

遊	意	訪	乗	お	ね	び	ん	工	工	見	技	近
お	遊	技	ね	る	見	技	り	物	る	り	訪	工
遊	場	物	嬢	物	物	見	近	さ	訪	ね	り	さ
最	物	物	近	意	り	さ	ね	り	意	ん	さ	び
る	嬢	最	さ	物	ん	乗	り	ん	さ	物	工	見
乗	り	工	技	る	る	技	ね	さ	遊	場	術	工
術	近	嬢	お	訪	訪	お	び	嬢	訪	遊	ん	最
遊	見	訪	訪	嬢	物	ね	嬢	お	ん	見	見	意
技	ね	び	お	り	る	訪	る	ね	乗	遊	術	訪
見	技	技	近	見	物	ん	術	意	り	術	び	見
び	り	嬢	遊	遊	技	技	遊	工	術	最	ん	び
場	意	技	訪	意	訪	訪	訪	ん	最	場	乗	近

たず 訪ねる	to pay a visit to	さいきん 最近	recently; lately; these days
い けん 意見	opinion	あそ 遊び	playing
の もの 乗り物	vehicle	ぎ じゅつ 技術	technology; engineering
こうじょう 工場	factory; plant	じょう お嬢さん	young lady

る	床	交	わ	倒	交	倒	わ	る	交	わ	終	わ
利	わ	倒	れ	変	交	倒	る	る	終	特	利	急
変	う	交	り	用	わ	急	利	交	終	交	り	屋
り	倒	う	交	用	交	る	交	れ	屋	床	り	う
変	倒	特	る	る	倒	特	屋	れ	利	交	う	用
利	屋	用	屋	急	れ	通	わ	終	り	わ	交	特
用	り	れ	急	急	う	屋	変	交	わ	り	れ	特
倒	用	交	急	倒	急	終	わ	れ	倒	り	う	る
れ	倒	れ	う	床	変	利	床	終	わ	交	れ	わ
終	急	特	り	変	交	倒	う	倒	れ	倒	交	り
る	通	倒	床	特	わ	交	交	急	屋	通	る	床
特	利	急	倒	わ	利	わ	交	急	屋	り	用	れ

利用 りょう	use; application	倒れる たお	to fall (over, down); to collapse
変わる か	to change; to be transformed	交通 こうつう	traffic
特急 とっきゅう	limited express (train)	通う かよ	to commute to (school, work, etc.)
床屋 とこや	barbershop	終わり お	the end

```
い　い　い　彼　ね　彼　苦　る　院　決　事　途　事
め　途　決　彼　返　ね　返　彼　苦　ら　事　事　い
い　決　ら　鳴　決　め　る　る　め　め　鳴　事　ね
中　退　苦　尋　退　苦　中　尋　い　院　い　退　い
事　鳴　退　途　中　る　ね　院　返　る　ね　院　る
院　め　決　め　事　る　決　ね　る　彼　る　彼　中
鳴　ね　苦　決　め　中　事　る　る　返　決　ら　退
め　め　尋　る　事　尋　ら　め　る　ね　院　ね　尋
院　事　退　鳴　事　院　院　い　る　る　め　返　い
尋　決　尋　め　返　苦　返　る　途　ら　る　ら　院
院　返　い　中　決　決　い　決　退　る　る　い　返
苦　中　中　る　事　め　事　ら　決　ら　る　中　決
```

退院 (たいいん)	discharge from hospital	**鳴る** (な)	to ring; to sound
苦い (にが)	bitter	**尋ねる** (たず)	to ask; to inquire
決める (き)	to decide; to choose	**途中** (と ちゅう)	on the way; en route
返事 (へん じ)	reply; answer; response	**彼ら** (かれ)	they; them

回	先	開	お	お	先	な	り	杯	く	ご	り	る
ご	に	団	間	覧	回	杯	な	く	昼	覧	昼	な
杯	る	に	な	に	輩	祭	間	回	な	に	り	回
先	ご	り	先	覧	開	回	祭	覧	り	な	開	団
布	に	に	回	一	り	昼	回	先	輩	る	り	り
昼	先	回	昼	く	な	間	く	間	覧	に	お	間
布	回	り	り	く	ご	杯	間	祭	に	祭	回	一
に	団	く	り	な	な	り	開	開	り	先	お	昼
祭	昼	ご	杯	間	祭	く	り	先	ご	く	杯	お
く	輩	回	団	杯	る	ご	回	祭	に	ご	回	り
杯	一	回	間	覧	ご	り	祭	る	昼	に	開	布
る	ご	に	杯	り	る	布	お	昼	覧	祭	昼	昼

昼間 (ひるま)	daytime; during the day	**ご覧になる** (らん)	to see; to look; to watch
回る (まわ)	to turn; to revolve	**開く** (ひら)	to hold (meeting, party, etc.)
一杯 (いっぱい)	full	**お祭り** (まつ)	festival
布団 (ふとん)	futon	**先輩** (せんぱい)	senior (at work or school)

JLPT N4 パズル 52 番目

水	旅	校	発	水	り	水	む	音	校	館	て	水
館	面	面	旅	学	込	真	校	目	中	館	真	旅
館	踊	し	真	音	旅	中	し	中	り	真	発	決
中	て	旅	旅	り	込	り	決	発	込	真	校	校
音	し	目	り	真	館	目	踊	中	て	校	踊	決
中	て	中	水	り	音	込	込	踊	校	む	し	決
旅	校	む	泳	真	水	目	水	真	発	む	学	泳
し	泳	校	泳	面	踊	中	旅	む	し	真	込	校
面	旅	学	学	目	決	発	泳	決	館	校	決	泳
水	水	踊	旅	中	し	決	旅	む	し	音	目	旅
旅	学	音	て	決	て	中	踊	て	決	水	音	り
込	踊	面	発	決	し	真	校	決	踊	音	中	水

水泳 (すいえい)	swimming	真面目 (まじめ)	serious; earnest
踊り (おど)	dance	込む (こ)	to be crowded; to be packed
発音 (はつおん)	pronunciation	旅館 (りょかん)	Japanese-style lodging
中学校 (ちゅうがっこう)	middle school	決して (けっ)	(not) ever; (not) by any means

非	高	校	安	事	降	連	り	心	仕	う	連	常
仕	手	校	方	連	校	す	高	高	に	生	に	う
仕	仕	常	生	連	大	す	高	に	心	常	り	伝
校	に	事	心	手	生	生	生	出	降	仕	非	り
安	校	事	伝	方	安	降	連	安	り	手	非	安
う	伝	う	う	出	り	常	出	心	高	降	仕	連
絡	伝	絡	出	出	非	絡	校	に	大	に	連	方
生	り	心	す	大	伝	手	安	す	手	事	安	生
大	り	す	校	校	生	出	絡	連	常	非	校	非
連	連	心	方	方	り	高	校	常	方	常	常	心
に	り	う	う	生	生	事	伝	連	常	伝	大	絡
事	に	降	う	に	事	校	心	す	生	す	絡	常

手伝う てつだ	to help; to aid	降り出す ふ　だ	to begin to rain or snow
仕方 し　かた	way; method	連絡 れんらく	to contact; to get in touch
大事 だい　じ	important; crucial	非常に ひ　じょう	very; extremely
安心 あんしん	relief; peace of mind	高校生 こうこうせい	high school student

消	理	化	小	し	史	消	会	鳥	理	所	鳥	ゴ
教	法	小	所	化	小	ゴ	ム	化	ゴ	し	歴	律
小	文	歴	会	史	史	消	歴	消	律	小	消	ム
律	教	場	理	文	教	小	所	教	消	歴	理	由
由	史	し	ム	ム	由	し	史	消	し	教	場	鳥
法	化	教	史	し	消	場	ゴ	鳥	会	ム	ム	ム
法	所	し	小	化	教	所	教	小	ム	会	ゴ	消
化	会	消	歴	法	小	ゴ	史	歴	律	小	し	場
律	律	法	所	ム	場	史	法	会	歴	由	消	場
場	消	ム	鳥	史	化	由	ゴ	理	律	由	由	鳥
律	ム	し	律	史	ゴ	所	小	文	し	消	歴	法
史	教	し	教	場	会	律	教	場	化	会	ゴ	理

消しゴム (けしゴム)	eraser	法律 (ほうりつ)	law
教会 (きょうかい)	church	場所 (ばしょ)	place; location
歴史 (れきし)	history	小鳥 (ことり)	small bird
理由 (りゆう)	reason	文化 (ぶんか)	culture

かいとう

解答

Solutions

パズル 1 番目

```
集空袋る空つつお易る産袋代
代空時し集袋る打土産代き
き代打産る港時打集易お代る
る袋産め出つ港産港代空し貿
港る出るつし引易易め港し出
打時空袋袋袋おし集港時し易
出代る打お産港袋貿る時引出
港引めし出産港袋集港貿き手
出貿おめき時時お易打土産引
空産る空引め空産る手め代
引代し空き時空産るしき代手
集貿空産る時手易袋手め手
```

パズル 2 番目

```
冷冷報長険市長発覧由展長電
危課発険険市長自発由由市発自
危課険電冷覧課険発会冷危冷覧
出覧覧出展課発自覧市発長電覧
市自出市長電冷会会自長危出
出覧出覧出報長覧自冷報房出
展展展報危展民展長冷課報課
課危冷発市課報発展出展険課
会覧自課危電展長危電由課冷
民自房課冷市危電由由冷出課
房市報覧危課険発展課電展民
```

パズル 3 番目

```
務所生生下折学宿所え生下学
学増る折え折政学務大学る政
政宿所え政ち生季務え事務生
学金え務増下え事金所務所
るち務金下節節お政下持え所折
え宿れ宿季所持ちえれち政れ
務宿お下大れ事大節生る大
務学季れ治政学事務治学事金
ち持金お事下え政節れえ所持
務折折る折季え金え金下増持
季持事治務政政務持え季
```

パズル 4 番目

```
馳るえ切踊文ごご換り乗学
長ごえ文部乗ご文踊長文文
親換え馳りご文馳踊乗見見
文踊踊見るる文親部踊走走
踊部親え祈親走文換部乗
換親え換親ご切長踊祈祈乗
ご親親部長ごり走走見踊踊
走え踊祈切切馳部祈見馳り見
切踊りご乗ご文見学見り見る
りえ馳見り踊踊走部切換走走
ご親るえ見えご親り換部見
```

パズル 5 番目

```
飛役手坊んす坊太に探探立場
場に転運す坊場計人人場立
すんる画役口立場役転場立
人すん画役口す運立場運場
役人んん赤口す口坊赤運転
役探坊ん赤計口す口役人画転
運坊計計転に行口探赤立
赤転人る立場太画す立場つ運
人手探転人飛人坊す手坊行
行太人行行に行行坊場役場計太
```

パズル 6 番目

```
火むいし田すす失火火火火
火火用失失田田失舎起済用起
田用すす悲田むす火すい敗い
すむ失悲田用む意済し済しい
田硬用敗し事硬意意悲火火
む事事い用し敗む悲火起し済
す失田い事火用舎し失田火用
硬悲火む舎敗硬し失い火す田
硬済起硬硬むす起敗む火済意
失用硬起用い田敗田田起意事
舎事失悲敗悲火いす事失むし
```

パズル 7 番目

```
要け具素事う慣らら払し要
要て払要る育しら必負てい払
慣払要るし要うし払慣育け払る
い払慣合慣け合い素必合要
合具要故負故負う負て払要
故故素いけいい払故慣てて払
必けて素要故合晴てて故合れ負
必素払ら合払必必て故れ事
い払育素慣合素慣要素払け
育必素具合事素らら合必要
い具て必素る合必必
```

パズル 8 番目

```
花話花見世花踏見か柔い柔か
招るる待花笑る世笑う花
笑花待見らぐ世笑踏る踏らら
騒いい下う下踏か話踏話世招
か見見柔話見踏笑花踏花ぐ招
柔柔花ら招ら笑花らる柔か待
下下いら招下話踏る笑柔ら
むぐいい見踏話る笑待ぐ柔
ぐる世笑世笑見む柔いら踏く
ら招見見待笑招笑話招ぐむ招
```

パズル 9 番目

```
止則所調調規場規めめしれ
る調し急則急彼瀞調いい規れ
彼止め則る所れ彼女止ししめ
彼急所めし彼則調場行急瀞
調瀞場規べ行行寂急規しし止
女調寂場べ所規瀞止しべ
行瀞彼寂場べ所規瀞止れ規
寂場規いるい止れ場女止め
調場規い則べ場瀞女止る
瀞い場調行める急
```

パズル 10 番目

```
争 二 建 　 競 い 落 争 美 し る さ 建
る 階 週 二 階 建 て 建 業 る 階 然 　
週 競 美 工 週 競 卒 全 米 週 全 二 工
工 建 て 週 工 米 工 美 し 二 工 落 階
さ 来 美 建 競 二 全 る い 美 業 て 業 階
階 卒 て 週 然 卒 来 美 業 て 業 し し
し 二 美 い 美 週 工 全 て 争 二 全
二 然 来 し 美 週 工 全 て 争 二 然
業 工 階 二 二 さ 全 い し 争 卒 来 建
し 競 て い る 二 落 建 全 美 建 て し
```

パズル 11 番目

```
特 立 講 今 気 美 特 度 嘩 館 術 経 美 に
特 気 義 空 嘩 立 立 立 嘩 術 立 講 立
験 今 嘩 特 嘩 度 美 る 義 立 美 経 美
美 講 嘩 特 館 験 立 て 特 る 美 気 に
義 度 て 験 美 度 に 講 経 義 美 気 経
空 に に 美 館 経 館 立 空 て 義 経 館
術 今 空 義 今 術 今 嘩 る に 度 に 美
立 立 経 義 今 術 る 度 嘩 立 て 特 立 講
義 今 館 に 立 気 経 嘩 る 立 嘩 立 て 特 特
験 術 義 度 義 今 術 気 義 立 空 特 特
```

パズル 12 番目

```
い こ の 物 の 勝 医 最 学 こ 忘 の こ これ
最 天 後 医 こ 聞 忘 し の し 忘 気 こ の
天 物 天 会 こ こ 聞 学 報 立 予 つ 嬉
報 の 最 こ 物 医 つ し 最 学 報 医 つ 嬉
嬉 学 会 会 最 し い 報 こ し い 天 聞
天 い 聞 れ 場 天 気 つ 天 学 忘
天 後 天 天 気 天 つ 最 会 会 い 学 の
報 勝 こ 予 場 こ 気 最 し 最 予 の 場 予
後 医 つ 会 い い 物 場 志 報 こ 場 予
予 嬉 予 物 忘 こ 勝 天 れ 最 最 学 後
最 会 気 後 天 気 予 報 天 志 場 こ し
```

パズル 13 番目

```
捨 放 届 入 入 泳 方 る る 逃 る 届 送
て 捨 逃 放 け 放 方 母 て 母 逃
放 学 る 送 学 逃 ぎ ぎ 方 ぎ 放 届
祖 逃 母 方 て 捨 ぎ げ 逃 学 方 母
届 泳 学 送 届 放 逃 捨 て 捨 届 送
方 る 方 科 入 逃 逃 入 母 科 届 放
げ 科 届 け 祖 届 母 泳 逃 祖 入 送
ぎ る 方 科 祖 逃 送 届 泳 放 方 送 祖
泳 祖 入 方 届 学 て 捨 学 げ 祖
逃 届 ぎ け 母 届 放 て ぎ 放 科 逃
母 届 送 泳 げ 学 学 逃 て ぎ 放 科 る
泳 ぎ け 捨 方 学 方 放 母 届 ぎ 科
```

パズル 14 番目

```
支 り り り ぶ し 久 り 度 遠 り 壊 く
れ し き 押 壊 押 直 ぶ 壊 る く れ 押 通
押 ぶ 遠 壊 き し 度 押 度 し 遠 度
通 久 入 ぶ る く り 入 直
押 く 直 通 生 生 き 壊 生 久 支 き
く く き 通 遠 し 壊 度 入 通 生 入
ぶ る 押 壊 れ 壊 久 生 し 押 く れ 押
る ぶ 生 支 し 通 押 入 し 支 り 壊
し ぶ く ぶ 支 通 ぶ 通 壊 支 り 壊
久 支 通 押 り る 久 壊 遠 壊 久 遠
```

パズル 15 番目

```
対 う 盗 反 番 送 構 日 別 盗 別 　 対
盗 送 組 構 日 日 む む 反 構 対 別
特 送 反 む 送 反 る う む む 構 反
む む 光 組 る 組 る 特 構 る 組 対 盗
反 光 別 む 日 特 盗 組 対 別 別 特
番 番 構 組 う 盗 反 う 送 記 特
反 別 盗 反 む 記 る う 記 う 組 記
構 別 盗 反 光 構 組 う 組 対 特 特
別 記 別 光 む 構 組 う 組 対 特 特
む 光 盗 　 特 む 送 送 別 む 送
番 記 う 別 別 光 記 反 記 む 番 反
```

パズル 16 番目

```
盛 息 喜 る 盛 子 捕 ん 喜 息 冷 泊 う
捕 泊 捕 子 う え ん 冷 冷 泊 ま 息
泊 子 ん か う 移 か う 泊 ん 盛 う
子 え 捕 向 ん か 冷 か う 泊 え る
か 子 移 う 盛 ぶ 泊 ん 喜 う
ぶ 向 ま 子 向 え ぶ 泊 盛 捕
る か 泊 る え 泊 移 冷 ん え 泊 う
え 冷 え 冷 か 捕 ん ぶ え 子 移 子
ま 泊 ぶ る か ま 冷 ぶ ま え 泊 子
捕 息 ぶ え ぶ 冷 ぶ 移 か え 泊 子
え る 息 盛 う 泊 ま え ま 移 移
```

パズル 17 番目

```
品 割 品 生 生 品 れ 品 地 れ 似 複 品
似 食 品 生 似 活 品 汚 会 会 れ 食 活
似 料 複 複 地 食 品 れ 品 会 会 雑 汚
食 活 料 割 地 割 品 話 会 会 雑 雑
汚 れ る 食 雑 汚 複 話 料 霞 会 活 活
割 活 割 話 地 話 霞 割 話 品 汚 る 雑
会 霞 地 地 話 汚 活 品 雑 食 生 割 汚 割
活 品 れ 複 汚 活 地 生 似 会 食 汚 雑
食 話 料 汚 品 る 汚 汚 品 割 割 生 雑
れ 汚 話 生 話 料 生 霞 れ 似 活 れ 生
複 れ 雑 割 品 複 食 料 話 料 品 割
```

パズル 18 番目

```
べ 棒 棒 由 文 習 べ 比 棒 べ 由 由 細
い 棒 文 い 習 習 習 習 確 投 比 化 棒
棒 投 細 る 習 げ 由 投 い 由 べ 投
べ い 化 投 文 べ 細 確 棒 い 文
棒 べ 復 細 投 文 べ い 比 投 い 理 細
べ 泥 文 か げ 復 い 復 投 理 泥
細 か 復 化 か 文 文 細 理 習 か 化
げ 泥 げ い 由 げ 文 泥 泥 確 泥 確
る べ 比 投 か 復 細 投 理 確 習 確
細 比 か べ 比 い 棒 確 泥 べ 比 復
比 る か 投 復 復 復 化 理 由 文 文 確
```

パズル 19 番目

```
写 背 景 中 ぶ 景 運 色 浅 背 ぶ 産 運 色
運 産 浅 警 上 警 ぶ ぶ 上 背 警 色 警
写 景 中 ぶ 業 ぶ る 中 色 上 警 業 色 業
る 運 ぶ 色 察 る 業 ぶ 警 背 運 る
業 ぶ 産 上 察 写 産 警 ぶ 上 色 浅
景 す ぶ 背 色 ぶ る 景 景 運 中
運 景 浅 写 上 す る 景 運 産 中
中 上 景 写 運 背 警 背 写 業 景 浅
い い 写 背 運 い 景 背 景 写 業 景
る 業 察 運 す 運 景 する 浅 景 察 ぶ
い 運 色 運 景 産 運 警 ぶ 上 い
```

パズル 20 番目

```
暖 人 周 下 る し い け 珍 珍 合 珍 合
け し 周 続 合 り 形 房 周 い る 続 珍
う 房 続 る 暖 続 続 房 合 け 下 周 形
受 受 る 下 い く う 人 珍 け 人 形 い
け 珍 暖 る 周 人 暖 房 周 続 し 暖
る し 人 人 暖 暖 る う く い 受 周
周 珍 続 人 下 う 形 く し い 形 続
け 房 受 形 珍 周 う 続 暖 い 珍 受
下 下 下 暖 暖 い り 暖 形 珍 合
け 房 る い 暖 珍 い い 下 る り 受 合
```

パズル 21 番目

```
選 初 む む 戻 決 ら ぶ 戻 戻 せ 止 選
ら せ 決 知 むく 初 知 知 泣 ら 決 必
必 ず ぶ せ 選 く 初 止 る 最 ら 止 ず
最 せ 戻 必 最 せ 選 泣 初 ぶ せ 止
必 戻 決 決 ぶ ず 必 必 選 る ずむ
む 決 最 く む 知 戻 止 泣 最 止 む
ぶ ら 戻 ら せ 選 最 ら 決 止 ら 最 ら
ら 泣 初 む 最 らず 決 知 初 泣 止 ら
最 ぶ く 選 止 ぶ ず む 知 くぶ く
初 る 最 決 ずら ぶ ず 最 むら 決 せ
```

パズル 22 番目

```
予 予 れ 合 定 等 く 数 数 念 高 合 学
校 動 校 校 る 数 場 残 等 場 定 校 る
校 等 驚 等 れ 驚 く 数 合 等 学 念 く
残 等 念 学 校 校 数 れ 等 遅 定 校 学
学 校 念 定 学 定 念 れ 合 校 遅 念 場
学 く 等 等 場 念 く 合 数 動 場 場 驚
合 等 高 動 予 高 定 動 動 場 場 驚
学 れ 驚 数 高 驚 合 校 遅 学 動
高 動 動 定 学 等 念 合 合 れ 予 合
念 残 驚 定 等 高 高 る 念 合 予 合
く 予 合 遅 高 場 場 驚 高 くれ 数 遅
```

パズル 23 番目

```
地 性 中 男 魔 男 男 寝 寝 る 持 地 邪
理 性 寝 魔 地 気 ち 魔 魔 性 寝 真 寝
る ち 理 ち 塗 魔 寝 る 理 ち 男 魔 男
魔 気 塗 気 魔 寝 男 気 持 男 ち 理 気
持 性 坊 坊 持 気 真 坊 邪 気 寝 魔 坊
持 邪 中 中 持 る 理 気 中 持 触 ち 塗
男 気 寝 持 理 性 触 ち 坊 持 真 塗
男 持 触 持 坊 坊 ち 男 坊 地 真 寝
魔 塗 触 持 持 中 気 真 持 持 地 寝
寝 魔 邪 気 地 魔 坊 気 地 塗 塗 性
中 る 地 地 真 中 性 塗 ち 塗 気 邪 寝
```

パズル 24 番目

```
勤 き 物 引 痩 出 出 出 い 思 見 折 考
折 見 園 折 き 動 る 動 舞 動 き 見 思
法 舞 お い 見 舞 見 動 見 引 動 物 園
思 折 い 考 せ 引 折 動 お お 見 痩 物
出 見 法 律 せ る 見 い 見 い き 引 す
出 い え 物 考 見 る 出 引 園 痩 見
き い 思 痩 る 動 痩 考 ず 法 痩 引
考 せ 動 痩 い 律 考 引 る 法 き 見
せ す 折 おい 見 思 すせ い 見 せ
園 考 見 物 お 考 い す 痩 出 すき る
す え 律 引 思 愚 折 律 律 え き 物
```

パズル 25 番目

```
射 ず か 習 裏 い 恥 恥 足 予 以 る め
予 心 裏 ず しり ず か 注 予 り り
か 予 射 射 足 り 恥 し 裏 い め 足 注
以 予 裏 め める 射 し 以 足 る か 所
足 外 熱 か る 射 習 し 熱 る かい か
所 射 熱 熱 め 射 射 心 予 し いか り
る 注 熱 以 恥 恥 ず 以 足 近 りし 射
ぶ 足 か 所 予 る ず 射 外 所 る か 射
裏 注 か 熱 心 注 り 射 習 足 以 心
め か 習 る す 裏 恥 射 裏 ず か 予
射 裏 心 恥 ずず 外 り 所 る か か
```

パズル 26 番目

```
車 内 ち 治 赤 社 社 聞 聞 赤 治 社 聞
釣 社 釣 車 ち 汽 経 汽 新 以 内 る
聞 経 赤 済 治 赤 済 治 以 済 ゃ 見 聞
以 ち ん 車 以 る り 新 車 赤 お 聞 内
聞 車 済 以 る ち ん 社 ん 聞 新 社
お ゃ 釣 釣 社 ち 釣 経 お 聞 社 お
赤 治 り 新 ん 赤 お 釣 経 済 お 聞
以 見 聞 社 車 拝 赤 以 ゃ お 釣
済 新 ん 釣 お 拝 社 る 治 釣 以
汽 以 拝 ゃ 治 見 社 お 社 見 お 聞
ゃ 拝 ん お 赤 治 ん 釣 赤 釣 治 以
ゃ 汽 拝 ん 社 以 聞 釣 新 治 り 治
```

パズル 27 番目

```
く 住 住 法 海 烏 岸 岸 世 烏 烏 所 界
楽 界 法 世 焼 烏 岸 岸 文 楽 文 む 住 道
く く 所 む 法 楽 岸 小 道 住 焼 海 小
所 所 烏 法 烏 法 世 小 海 海 海 く 文
水 く 水 界 住 水 住 道 世 焼 岸 水 く
楽 界 く 小 世 く む 道 世 岸 楽 法 海
文 水 む 焼 文 む 界 岸 楽 法 く 楽 焼
文 焼 焼 道 焼 水 水 海 小 く 水 小 烏
界 道 岸 法 焼 小 く 世 世 法 文 世
海 法 楽 小 岸 水 く 岸 所 道 む 法
楽 法 道 道 法 焼 く 小 道 法 岸 楽 小
住 海 所 海 焼 焼 楽 楽 岸 住 楽 文 住
```

パズル 28 番目

```
家 続 社 て る 味 合 方 方 神 続 け 合
試 家 け 続 理 味 神 味 内 両 続 合
神 け 建 神 理 味 建 て て け 内 両 続
家 家 理 て 方 両 合 神 け 噌 味 合 建
家 無 両 社 合 味 建 け 噌 味 噌 無 る
噌 建 け 噌 理 方 神 理 合 て 味 無 両
合 る 家 家 試 続 家 味 理 建 る 両 内
噌 社 け 方 無 神 方 建 家 噌 け 無 合
神 試 家 無 方 神 理 社 社 家 社 両 両
神 味 無 方 け 神 神 噌 試 合 両 合
て 方 社 味 試 続 試 建 る 家 内 建
て 続 内 方 内 神 内 神 合 続
```

パズル 29 番目

```
昼 柔 れ 道 り 連 る 合 昼 り 将 柔 柔
柔 れ 談 談 昼 談 物 み 談 来 る 柔 み
れ り 道 連 れ る り 昼 連 合 る 都 連
柔 贈 将 贈 み 柔 れ 連 連 道 休 休 み
昼 相 談 贈 割 相 物 り 合 柔 り 連 れ
昼 来 贈 柔 贈 る り 休 柔 贈 相 都 れ
休 将 贈 相 り り 休 柔 来 相 都 み
物 み 割 物 る 昼 柔 休 る 相 物 道 物
柔 れ 柔 将 将 将 る 柔 物 来 道 談 休
休 将 都 将 道 道 贈 都 合 み 休 来 れ
相 将 都 将 道 道 贈 都 合 み 休 来 れ
```

パズル 30 番目

```
訳 急 守 す 守 訳 り 礼 急 守 沸 守 り
守 急 翻 か 急 守 沸 沸 か ぐ 取 訳
す す 史 沸 歴 取 翻 礼 り 申 守 ぐ 歴
り 礼 沸 替 申 守 留 る す 歴 ぐ り お
お 訳 礼 史 翻 か 訳 史 留 訳 ぐ 訳
申 史 留 沸 歴 替 お 歴 急 礼 歴 史 り 留
る 訳 え え 申 守 替 替 お 守 り 沸
翻 る 替 訳 急 歴 ぐ 訳 お 翻 り
か 翻 か え か ぐ 申 守 守 取 翻
急 史 礼 沸 申 留 沸 替 歴 おえ り
```

パズル 31 番目

```
一 い 命 包 懸 む う い 一 命 厳 厳 生
む 匂 命 命 灯 む う 単 む 電 思 電 む
し 足 足 単 厳 む む 電 う 包 一 電
一 う 電 厳 厳 む む 電 生 一 生 電
む う 単 電 単 む 厳 懸 命 匂 厳
し い 厳 し む 思 電 単 命 う 単 灯 電
む 命 生 一 足 し 命 包 生 思 電
匂 命 匂 厳 し 匂 す む 命 厳 電 す
す 厳 し 簡 命 匂 す 一 簡 足 い 電 単
命 匂 す 足 匂 包 し む 一 厳 灯 む
電 匂 懸 包 命 し む 一 厳 思 簡 し
```

パズル 32 番目

```
す 不 お る 便 祝 便 挨 婦 お お 受 拶
お 護 祝 い 拶 お い お お 便 い
護 謝 い 拶 便 受 受 い 便 婦 お 祝
便 祝 す 拶 い 挨 受 す 謝 婦 婦 便
い る お 看 婦 お す 護 拶 滑 直
る 拶 拶 付 おする 護 拶 滑 お 祝
護 便 滑 護 する 婦 挨 お 謝 付 お 直
受 直 謝 挨 すい い 婦 る お 護 便 看
挨 婦 看 受 る 看 付 拶 不 滑 お 謝 滑
拶 看 受 お 看 い 直 便 付 護 受 滑
```

パズル 33 番目

```
迎 指 聞 釣 げ 例 違 し 迎 えり 上 釣
え 上 差 ば 指 迎 しえ こ 聞 例 えり 迎
り 迎 帰 違 ばり 迎 帰 迎 釣 釣 げ 迎
り 釣 違 えげ え 迎 迎 え 帰 え 聞
上 聞 例 迎 ば 上 る 上 違 上 聞 げ
し 聞 る 指 りり 聞 し 聞 上 聞
こ 聞 りえ 指 聞 りば るえ こ 聞 指
指 釣 上 差 指 聞 聞 聞 迎 こば 例 え
え 釣 上 るし る 間 差 聞 こ 例 聞
ば 上 輪 ば 迎 釣 える 迎 り 聞 違 差
ば 聞 聞 り 差 し 上 げ る 指 輪 え 迎
```

パズル 34 番目

```
約 関 備 束 し 慣 く 準 し く く 慣 る
院 く 院 束 上 約 く 準 束 入 約 寄 院
慣 寄 し 約 習 準 召 く 関 関 係 院
備 院 く 約 院 る 慣 召 く 院 備 準
束 く 準 慣 準 準 し 慣 乾 乾 備
慣 院 上 院 寄 上 関 し 備 束 関 慣 し
く 院 備 し 習 習 関 備 乾 乾 院 く 寄
召 院 院 召 入 束 く 院 束 慣 し
準 備 慣 準 乾 乾 し 備 習 入 慣 係 入
く 係 係 慣 約 約 約 院 院 束 準 関 習
備 し 乾 準 る 準 習 院 院 関 習 召
```

パズル 35 番目

```
っ 過 度 十 十 さ 綿 十 引 上 過 る っ
以 引 十 越 一 来 木 一 来 越 っ 度 す
る ぎ 十 す ぎ 越 引 っ 月 分 以 す す
綿 月 十 木 上 綿 っ 過 木 木 一 過 以
っ る る 木 度 来 さ 一 上 月 木 壊 さ
綿 上 す 上 す 引 す 米 壊 ぎ 木 来 る
上 一 る ぎ 上 越 さ す 上 来 さ 越 一
す る る 木 さ 壊 る 十 る 綿 一 過 越
分 度 以 さ 引 度 引 一 上 分 一 月
十 過 来 度 月 越 る っ 分 す 月
さ 以 ぎ 上 壊 度 すぎ 過 越 さ 以
```

パズル 36 番目

```
す 洋 西 る 段 店 る 段 す 楽 の 値 値
み 洋 是 み 西 店 す しる み 落 こ す
頃 す 段 楽 の 段 頃 値 店 すこ す
飾 頃 非 飾 し 西 西 し 員 落 す 頃 す
非 楽 する し 段 西 し 段 洋 の し
西 楽 非 み 段 る 洋 落 員 落 値 非
す み 飾 西 の 員 非 洋 み 落 員 飾 の
す 段 し 頃 飾 是 段 落 落 落 店 すし
し 段 すみし 店 西 店 非 落 段 すし
段 る 是 落 員 是 の 飾 る 非 西 値 是
```

60

パズル 37 番目

お 歯 好 歯 事 歯 事 好 医 事 格 社 医
興 行 味 丁 丁 行 寧 味 う 歯 用 用
長 寧 医 お 好 行 者 用 者 宅 丁 味 う
行 行 行 う 者 者 寧 歯 格 格 事 医 好
事 お 宅 用 好 用 味 お う 医 お 行 味
う 長 医 丁 興 医 長 長 格 事 医 社 お
好 う 好 行 行 歯 長 長 寧 事 格 好 者
長 社 者 者 事 医 寧 行 好 医 長 用
用 丁 行 寧 者 者 味 社 歯 興 格 宅 行
長 味 格 社 歯 社 者 う 味 う 格 宅
者 医 行 お 味 医 事 宅 社 宅 社 興 社
丁 寧 格 丁 歯 好 医 社 歯 宅 丁 行 用

パズル 38 番目

沸 残 試 下 く 注 怒 う 注 じ 存 意 怒
試 ごげ く 残 験 く ご 沸 う 試 う 験
げ 験 ご じ 存 残 う 怒 残 る うじ 験
下 験 う 注 じ 下 う 試 試 沸 試 残 う
意 怒 う 注 げ る 存 存 意 残 げげ 下
う 意 沸 注 伺 怒 怒 じ 残 験 下 ごげ
沸 る る 下 げ 伺 験 験 下 伺 じ 怒 る
げ 存 ご 意 験 下 存 下 意 じ 怒 存 注
う げる ご 下 沸 沸 残 試 げ 験 ご
存 沸 注 伺 下 意 残 じ る 伺 げ 下 じ

パズル 39 番目

原 怖 講 い え 見 合 堂 堂 見 究 怖
究 植 味 合 間 見 る 因 究 因 味 合 う
い 趣 堂 原 合 堂 る 因 い に い 原
う け 究 う 合 に 聞 つ 講 植 植 聞
講 原 研 に え い 原 い 講 見 見 う
聞 講 怖 因 研 に 味 原 究 研 味 聞 う
つ 見 講 け る る 聞 け 見 怖 味 聞 合
研 え え 原 植 見 講 つ 研 い 味 聞 怖
因 う え 講 植 怖 つ 怖 因 けう 堂 い
聞 因 講 因 因 趣 趣 け 究 原 植 講
合 因 聞 う 堂 聞 え 究 見 つ 植 因
植 つ 見 堂 つ 究 い 因 合 え 研 え

パズル 40 番目

し 深 深 校 小 小 付 小 集 辞 説 学
付 深 辞 紹 学 正 学 小 辞 辞 る る
小 紹 付 校 く 正 学 集 校 し 付 る
紹 正 紹 辞 く 典 し 辞 深 紹 し
し 校 付 校 紹 深 付 る し 辞 深 紹 し
紹 小 校 小 小 集 学 し 学 小 し 学 学
学 く 校 介 小 紹 くし 深 付 辞 深 学 紹
く 学 小 介 付 典 紹 紹 辞 い 紹 る
く 正 学 正 る る 紹 紹 い 説 校 い 校
小 深 し 学 学 深 し 付 典 い 介 説 校
集 深 典 集 介 し 集 校 小 介 くい 集

パズル 41 番目

わ 通 け 漫 物 代 出 物 漬 け 普 席 父
代 見 父 物 り け 通 画 け 性 代 け
代 女 普 祖 漬 物 祖 物 物 画 見 り 女
り 普 席 代 普 女 普 父 出 性 祖 女
る け 性 席 く 代 席 父 出 性 漫 女
る 見 性 席 漬 け る 通 代 漬 祖 席
る 漬 画 父 物 漫 通 父 見 父 通 普 性
見 見 父 女 代 代 漫 父 性 わ け わ り
祖 漫 父 画 見 出 女 わ 性 見 漫 り 漬
性 画 け 出 け 通 漬 席 見 漫 り 出
物 席 性 け 見 け 物 父 け 漫 り 女
通 父 る り 出 普 け 出 る け 出 漫 女

パズル 42 番目

会 く 教 外 議 亡 育 え 亡 会 安 教 教
亡 全 な 全 る く 育 議 く 議 安 安 教
え 眠 伝 会 育 郊 安 な 安 え く 郊 え
な 外 亡 全 会 る く 教 眠 教 安 安
外 え る 全 え 議 外 教 安 え 議 安
く な 外 外 教 会 郊 な 教 伝 眠 伝 外
な 外 え 外 教 会 郊 な 教 伝 眠 伝 外
く 伝 議 亡 亡 伝 郊 全 全 伝 亡 く 議
全 会 な 亡 会 え る 伝 議 議 郊 会 え
亡 郊 全 く 亡 外 郊 伝 安 眠 育 伝
亡 教 伝 会 る 教 教 育 え な 伝 外 全

パズル 43 番目

け 台 以 下 室 会 む る 具 以 け 付 以
け 室 け る 片 道 片 空 室 く 空 風
む 室 室 付 け く 風 室 む 片 け
室 進 風 具 く 噛 議 風 空 空 け 風 片
下 道 む 具 空 台 る 片 空 片 空
下 下 室 片 進 下 台 噛 噛 空 会 議 室
具 具 下 け 台 け 室 空 進 る 室 付 会
く 下 空 進 進 く 風 る 付 片 会 室 く
風 噛 空 以 会 会 る 空 空 片 進 会 付
け 具 以 会 会 る 空 空 片 進 会 付 室
下 議 空 具 片 室 議 議 員 進 道 る 付

パズル 44 番目

予 校 究 物 際 長 適 長 室 究 校 当 研
究 校 適 約 研 究 当 品 適 品 国 校 研
約 品 う 品 約 物 当 約 際 校 際 約 研
校 長 室 研 高 室 物 物 室 研 品 校 拾
際 研 研 究 適 物 際 高 品 長 研 際 国
研 高 研 校 物 う 究 品 長 予 際 室 研
品 う 予 究 校 国 う 究 究 予 予 国 高 約
究 予 校 当 う 究 究 予 予 国 高 約
物 う 拾 国 当 長 予 品 当 拾 究 高 予
高 長 物 室 室 予 研 室 高 室 際 う 際
約 国 物 予 研 室 予 適 究 品 予 品 適
物 拾 高 室 高 校 国 研 室 当 予 研 予

パズル 45 番目

主 別 眠 し し 見 場 つ 人 駐 優 別 見
人 焼 駐 人 れ つ れ 場 見 見 車 れ 別
見 れ 焼 人 人 暮 眠 見 れ 場 主 御 けつ
御 れ か 暮 い 見 優 駐 主 駐 か 車 優 焼
け か 主 焼 け る 優 駐 主 駐 か 暮 優 焼
る 駐 け 駐 る 車 優 御 車 別 れ い 御 か 別
眠 見 け 別 れ つ し れ い い か 場 つ
眠 別 場 し 焼 場 見 主 れ 御 焼 場 見
駐 優 見 れ 別 し 主 見 か い けつ
し 眠 る る け 人 暮 場 つ 車 車 車 眠

パズル 46 番目

```
申 公 明 も 始 公 明 上 る 申 る げ 務
員 も 争 始 員 機 戦 明 公 最 始 め 務
も 始 め 務 機 公 最 戦 申 る る 始 げ
明 務 戦 申 申 務 げ 上 る 機 戦 も し
し 公 務 公 上 員 会 説 め 申 始 説 争
務 め 戦 公 げ 員 会 説 明 員 員 戦 機
説 務 げ 戦 げ 上 申 も 申 争 め 員
め 始 説 会 し 上 務 る 機 務 争 説 機
も 機 め め 始 会 し 機 公 し 務 め も
員 上 る 機 始 会 る 機 公 し 務 め も
も 明 始 げ 最 説 説 機 げ 会 戦 上 説
```

パズル 47 番目

```
り 分 下 場 り 今 気 会 今 分 揺 れ 変
分 え れ る り 下 る 揺 変 揺 変 会 れ
今 社 え 会 分 夜 分 る る 気 り 分 着
れ 気 場 社 れ 変 え れ 分 今 え 物
る 場 場 変 え れ 揺 気 り え 会 場 下
会 物 社 り 場 揺 気 り え 気 え 会 着
物 え 揺 着 る え 夜 社 り え 今 変 れ
下 え 夜 下 揺 れ 今 分 売 社 社 今
今 え 会 下 揺 れ 今 社 分 下 売 り
今 売 今 会 今 社 分 下 売 場 物 場
社 夜 物 え 下 変 れ 変 会 り れ 変 変
物 れ 社 下 分 物 分 変 気 場 場 着 夜
```

パズル 48 番目

```
遊 意 訪 乗 お ね び ん 工 工 見 技 近
お 遊 技 ね る 見 技 り 物 る り 訪 工
遊 場 物 嬢 物 物 見 近 さ 訪 ね り さ
最 嬢 物 物 近 意 物 ん 乗 り 意 さ び
乗 り 工 技 る る 技 ね さ 遊 場 工 見
術 近 嬢 お 訪 訪 おび 嬢 訪 遊 ん 工
遊 見 訪 訪 嬢 物 ね 嬢 お ん 見 見 意
技 ね び おり る 訪 ね 乗 遊 術 訪
び り 嬢 遊 遊 技 技 遊 工 術 最 び
場 意 技 訪 意 訪 訪 訪 ん 最 場 乗 近
```

パズル 49 番目

```
る 床 交 わ 倒 交 倒 わ る 交 わ 終 わ
利 わ 倒 変 交 交 倒 る る 終 特 利 急
変 り 交 う 交 用 わ 急 利 交 終 交 り 屋
り 倒 う 交 用 交 る 交 れ 屋 床 り う
変 倒 特 る る 倒 特 屋 れ 利 交 う 用
利 屋 用 屋 急 れ 通 わ 終 り わ 交
用 り れ 急 急 屋 変 交 わ り れ 特
倒 用 交 急 倒 急 終 わ れ 倒 り う る
れ 倒 う 床 変 利 床 終 わ 交 れ わ
終 急 特 り 変 交 倒 う 倒 れ 倒 交 り
る 通 倒 床 特 わ 交 交 急 屋 通 る 床
特 利 急 倒 わ 利 わ 交 急 屋 り 用 れ
```

パズル 50 番目

```
い い 彼 ね 彼 苦 る 院 決 事 途 事
め 途 決 彼 返 ね 返 彼 苦 ら ら 事 い
い 決 ら 鳴 決 め る め 鳴 事 ね
中 退 苦 尋 退 苦 中 尋 い 院 い 退 い
事 鳴 退 途 中 ね 院 返 る ね 院 い
院 め 決 め 事 決 ね る 彼 る 中
鳴 ね 苦 決 め 中 事 る 返 決 い 退
め め 尋 め 事 尋 ら め る ね 院 ね 尋
院 事 退 鳴 事 院 院 い る る め 返 い
尋 決 尋 め 返 苦 返 る 途 ら ら 院
苦 中 中 る 事 め 事 ら 決 ら る 中 決
```

パズル 51 番目

```
回 先 開 お お 先 な り 杯 く ご り る
ご に 団 聞 覧 回 杯 な く 昼 覧 昼 に 回
杯 る に な に 祭 開 回 な り な に 開 団
布 ご り 先 覧 一 り 昼 回 先 な り お 聞
昼 先 回 昼 く な 昼 回 聞 く ご 一 昼
布 回 り り く ご 杯 聞 祭 に 祭 回 昼
祭 昼 ご 杯 聞 祭 く り 先 く 杯 おり
く 輩 回 団 杯 る ご 回 祭 に ご 回り
杯 一 回 聞 覧 ご り 祭 に 昼 開 布
る ご に 杯 り る 布 お 昼 覧 祭 昼 昼
```

パズル 52 番目

```
水 旅 校 発 水 り 水 む 音 校 館 て 水
館 面 面 旅 学 込 校 目 中 館 真 旅
館 踊 し 真 音 旅 中 し 中 り 真 発 決
中 て 旅 旅 り 込 り 決 発 中 て 踊 校
音 し 目 り 真 館 目 踊 中 て 踊 踊 決
中 校 し 水 込 真 水 真 発 む 学 込 泳
旅 泳 校 泳 真 面 踊 中 旅 む し 真 込 校
し 旅 学 学 目 決 発 泳 決 館 校 決 泳
面 水 水 踊 旅 中 し 決 旅 む 音 目 旅
水 旅 音 て 決 て 中 踊 て 決 水 音 り
込 踊 面 面 発 決 し 真 校 決 踊 音 水
```

パズル 53 番目

```
非 蒿 校 安 事 降 連 り 心 仕 う 連 常
仕 手 校 方 連 校 す 高 高 に 生 に う
仕 仕 常 生 連 大 す 高 に 心 誉 仕 伝
校 に 事 心 伝 方 安 生 生 安 り 非 安
安 校 事 常 心 伝 方 安 降 連 安 り 手 非 安
う 伝 常 絡 う 安 出 非 絡 校 に 大 に 連
絡 伝 絡 し 大 伝 出 手 安 事 安
生 り う 校 校 生 出 非 絡 連 安 非
大 す 校 校 生 出 絡 連 常 非 校 非
に り う 心 方 生 生 事 伝 連 常 伝 大
事 に 降 う に 事 校 心 す 生 す 絡 常
```

パズル 54 番目

```
消 理 化 小 し 史 消 会 鳥 理 所 ゴ
教 法 小 所 化 小 ゴム 化 ゴ し 歴 律
小 文 歴 会 史 史 消 歴 消 律 小 消
律 教 場 理 文 教 小 所 教 消 歴 教 場
由 史 化 教 史 し 消 場 ゴ 鳥 ム ゴ 消
法 所 史 し 消 場 ゴ 鳥 小 ゴ 消 場
化 会 消 歴 法 小 史 法 会 歴 鳥
律 律 法 所 ム 場 史 法 会 歴 由 消
場 消 ム 鳥 史 化 由 ゴ 理 律 由 鳥
史 教 し 教 場 律 教 場 化 会 ゴ 理
```

単語
たんご

Vocabulary

久しぶり	ひさしぶり	a long time (since the last time)
留守	るす	absence; away from home
事故	じこ	accident; incident
住所	じゅうしょ	address (e.g. of a house)
空気	くうき	air; atmosphere
飛行場	ひこうじょう	airfield
空港	くうこう	airport
必ず	かならず	always; without exception
格好	かっこう	appearance
美術館	びじゅつかん	art museum
会場	かいじょう	assembly hall
出席	しゅっせき	attendance
講堂	こうどう	auditorium; lecture hall
赤ちゃん	あかちゃん	baby
赤ん坊	あかんぼう	baby; infant
背中	せなか	back (of body)
床屋	とこや	barbershop
美しい	うつくしい	beautiful; lovely
最初	さいしょ	beginning; first
以上	いじょう	beyond ... (e.g. one's means)
苦い	にがい	bitter
下宿	げしゅく	boarding; lodging
両方	りょうほう	both; both sides
放送	ほうそう	broadcast
漫画	まんが	cartoon; comic
場合	ばあい	case; situation
原因	げんいん	cause; origin; source
注意	ちゅうい	caution; being careful
是非	ぜひ	certainly; without fail
機会	きかい	chance; opportunity
お釣り	おつり	change (for a purchase)
花見	はなみ	cherry blossom viewing

教会	きょうかい	church
都合	つごう	circumstances
市民	しみん	citizen
押し入れ	おしいれ	closet
海岸	かいがん	coast; beach
社長	しゃちょう	company president
競争	きょうそう	competition; contest
複雑	ふくざつ	complex; complicated
具合	ぐあい	condition; state
会議室	かいぎしつ	conference room
お祝い	おいわい	congratulations
相談	そうだん	consultation; discussion
会話	かいわ	conversation
冷房	れいぼう	cooling; air-conditioning
木綿	もめん	cotton material
文化	ぶんか	culture
踊り	おどり	dance
危険	きけん	danger; hazard
昼間	ひるま	daytime; during the day
深い	ふかい	deep
歯医者	はいしゃ	dentist
部長	ぶちょう	department head
出発	しゅっぱつ	departure
日記	にっき	diary
辞典	じてん	dictionary
退院	たいいん	discharge from hospital
人形	にんぎょう	doll
引き出し	ひきだし	drawer
運転手	うんてんしゅ	driver; chauffeur
地震	じしん	earthquake
優しい	やさしい	easygoing; kind
経済	けいざい	economy; economics

教育	きょういく	education; schooling
電灯	でんとう	electric light
小学校	しょうがっこう	elementary school
恥ずかしい	はずかしい	embarrassed; shy
最後	さいご	end; conclusion
楽しみ	たのしみ	enjoyment; pleasure
十分	じゅうぶん	enough; plenty
熱心	ねっしん	enthusiastic; eager
消しゴム	けしゴム	eraser
試験	しけん	exam; test
展覧会	てんらんかい	exhibition
経験	けいけん	experience
説明	せつめい	explanation
急行	きゅうこう	express (train)
工場	こうじょう	factory; plant
失敗	しっぱい	failure; mistake
遠く	とおく	far away; distant
ご馳走	ごちそう	feast; treating (someone)
気持ち	きもち	feeling; mood
気分	きぶん	feeling; mood
看護婦	かんごふ	female nurse
お祭り	おまつり	festival
細かい	こまかい	fine; minute
指輪	ゆびわ	finger ring
火事	かじ	fire
食料品	しょくりょうひん	foodstuff
例えば	たとえば	for example; for instance; e.g.
貿易	ぼうえき	foreign trade
自由	じゆう	freedom; liberty
一杯	いっぱい	full
布団	ふとん	futon
普通	ふつう	general; usual

地理	ちり	geography
贈り物	おくりもの	gift
手袋	てぶくろ	glove; mitten
品物	しなもの	goods; article; thing
公務員	こうむいん	government worker
卒業	そつぎょう	graduation
文法	ぶんぽう	grammar
祖父	そふ	grandfather
祖母	そぼ	grandmother
挨拶	あいさつ	greetings; salutation
習慣	しゅうかん	habit
嬉しい	うれしい	happy; glad
硬い	かたい	hard; solid; tough
暖房	だんぼう	heating (indoor)
高等学校	こうとうがっこう	high school
高校	こうこう	high school
高校生	こうこうせい	high school student
邪魔	じゃま	hindrance; interruption
歴史	れきし	history
趣味	しゅみ	hobby; pastime
入院	にゅういん	hospitalization
御主人	ごしゅじん	husband (someone else's)
大事	だいじ	important; crucial
無理	むり	impossible
不便	ふべん	inconvenience
産業	さんぎょう	industry
注射	ちゅうしゃ	injection
興味	きょうみ	interest (in something)
国際	こくさい	international
紹介	しょうかい	introduction
招待	しょうたい	invitation
旅館	りょかん	Japanese-style lodging

柔道	じゅうどう	judo
着物	きもの	kimono
親切	しんせつ	kind; gentle
ご存じ	ごぞんじ	knowing
研究室	けんきゅうしつ	laboratory
法律	ほうりつ	law
講義	こうぎ	lecture
特急	とっきゅう	limited express (train)
文学	ぶんがく	literature
生活	せいかつ	living; daily life
寂しい	さびしい	lonely
世話	せわ	looking after; care
忘れ物	わすれもの	lost article; something forgotten
昼休み	ひるやすみ	lunch break
男性	だんせい	man; male
工業	こうぎょう	manufacturing industry
試合	しあい	match; game
数学	すうがく	mathematics; arithmetic
会議	かいぎ	meeting; conference
中学校	ちゅうがっこう	middle school
真中	まなか	middle; center
味噌	みそ	miso
さ来月	さらいげつ	month after next
最も	もっとも	most; extremely
必要	ひつよう	necessary; essential
近所	きんじょ	neighborhood
新聞社	しんぶんしゃ	newspaper company
全然	ぜんぜん	not at all
決して	けっして	not ever; not by any means
以下	いか	not exceeding
小説	しょうせつ	novel; short story
匂い	におい	odor; smell

事務所	じむしょ	office
途中	とちゅう	on the way; en route
一度	いちど	once; one time
意見	いけん	opinion
寝坊	ねぼう	oversleeping
駐車場	ちゅうしゃじょう	parking lot
特に	とくに	particularly; especially
時代	じだい	period; era
場所	ばしょ	place; location
計画	けいかく	plan; schedule
予定	よてい	plans; schedule
遊び	あそび	playing
警察	けいさつ	police
丁寧	ていねい	polite; courteous
政治	せいじ	politics; government
人口	じんこう	population
用意	ようい	preparation
予習	よしゅう	preparation for a lesson
準備	じゅんび	preparation; getting ready
支度	したく	preparations; equipment
値段	ねだん	price; cost
約束	やくそく	promise; contract; date
発音	はつおん	pronunciation
盛ん	さかん	prosperous; flourishing
喧嘩	けんか	quarrel; fight
割合	わりあい	ratio; percentage
理由	りゆう	reason
受付	うけつけ	receipt; acceptance
最近	さいきん	recently; lately; these days
関係	かんけい	relation; connection
安心	あんしん	relief; peace of mind
返事	へんじ	reply; answer; response

研究	けんきゅう	research; investigation
予約	よやく	reservation; appointment
帰り	かえり	return; coming back
反対	はんたい	reverse; opposite
復習	ふくしゅう	review of learned material
お金持ち	おかねもち	rich person
正しい	ただしい	right; correct
屋上	おくじょう	rooftop
規則	きそく	rule; regulation
田舎	いなか	rural area
悲しい	かなしい	sad; unhappy
安全	あんぜん	safety; security
怖い	こわい	scary; frightening
景色	けしき	scenery
入学	にゅうがく	school enrollment
校長	こうちょう	school principal
科学	かがく	science
季節	きせつ	season; time of year
課長	かちょう	section manager
拝見	はいけん	seeing; looking at
売り場	うりば	selling area; counter
先輩	せんぱい	senior (at work or school)
真面目	まじめ	serious; earnest
厳しい	きびしい	severe; strict
浅い	あさい	shallow; superficial
彼女	かのじょ	she; her
神社	じんじゃ	Shinto shrine
見物	けんぶつ	sightseeing
簡単	かんたん	simple; easy
眠い	ねむい	sleepy; drowsy
小鳥	ことり	small bird
社会	しゃかい	society

柔らかい	やわらかい	soft; tender
息子	むすこ	son
お土産	おみやげ	souvenir given as a gift
特別	とくべつ	special
汽車	きしゃ	steam train
店員	てんいん	store employee; clerk
医学	いがく	study of medicine
代わり	かわり	substitute; replacement
郊外	こうがい	suburb
適当	てきとう	suitable; appropriate
確か	たしか	sure; certain
周り	まわり	surroundings
水泳	すいえい	swimming
用事	ようじ	tasks
技術	ぎじゅつ	technology; engineering
電報	でんぽう	telegram
お礼	おれい	thanks; gratitude
終わり	おわり	the end
将来	しょうらい	the future
この間	このあいだ	the other day; recently
世界	せかい	the world
この頃	このごろ	these days; nowadays
彼ら	かれら	they; them
泥棒	どろぼう	thief
今夜	こんや	this evening; tonight
今度	こんど	this time; now
足す	たす	to add (numbers)
謝る	あやまる	to apologize
尋ねる	たずねる	to ask; to inquire
連れる	つれる	to be accompanied by
付く	つく	to be attached
壊れる	こわれる	to be broken; to break

込む	こむ	to be crowded; to be packed
決る	きまる	to be decided
喜ぶ	よろこぶ	to be delighted
見つかる	みつかる	to be found; to be discovered
聞こえる	きこえる	to be heard; to be audible
役に立つ	やくにたつ	to be helpful; to be useful
間に合う	まにあう	to be in time for
遅れる	おくれる	to be late; to be delayed
直る	なおる	to be repaired
見える	みえる	to be seen; to be in sight
似る	にる	to be similar (in condition, etc.)
足りる	たりる	to be sufficient; to be enough
驚く	おどろく	to be surprised
冷える	ひえる	to become cold (temperature)
汚れる	よごれる	to become dirty
空く	すく	to become less crowded
痩せる	やせる	to become thin; to lose weight
降り出す	ふりだす	to begin to rain or snow
噛む	かむ	to bite
沸かす	わかす	to boil; to heat
割れる	われる	to break; to be smashed
壊す	こわす	to break; to destroy
折れる	おれる	to break; to snap
折る	おる	to break; to snap off
建てる	たてる	to build; to construct
焼ける	やける	to burn; to be roasted
捕まえる	つかまえる	to capture; to arrest
構う	かまう	to care about
止む	やむ	to cease; to stop
変わる	かわる	to change; to be transformed
変える	かえる	to change; to transform
選ぶ	えらぶ	to choose; to select

集める	あつめる	to collect; to gather
通う	かよう	to commute to (school, work, etc.)
比べる	くらべる	to compare
褒める	ほめる	to compliment
考える	かんがえる	to consider
連絡	れんらく	to contact; to get in touch
続く	つづく	to continue
続ける	つづける	to continue; to keep on doing
伝える	つたえる	to convey; to report
泣く	なく	to cry
踊る	おどる	to dance
決める	きめる	to decide; to choose
飾る	かざる	to decorate
届ける	とどける	to deliver; to send
亡くなる	なくなる	to die
見つける	みつける	to discover; to come across
落す	おとす	to drop; to lose
写す	うつす	to duplicate
召し上がる	めしあがる	to eat; to drink
楽む	たのしむ	to enjoy oneself
逃げる	にげる	to escape; to run away
過ぎる	すぎる	to exceed
取り替える	とりかえる	to exchange
向かう	むかう	to face
倒れる	たおれる	to fall (over, down); to collapse
落る	おちる	to fall down
済む	すむ	to finish; to be completed
釣る	つる	to fish
合う	あう	to fit; to match
太る	ふとる	to gain weight
寄る	よる	to gather in one place

74

集る	あつまる	to gather; to collect
怒る	おこる	to get angry
乾く	かわく	to get dry
下りる	おりる	to get off; to disembark
慣れる	なれる	to get used to
濡れる	ぬれる	to get wet
差し上げる	さしあげる	to give; to offer
下る	さがる	to go down
迎える	むかえる	to go out to meet
通る	とおる	to go past; to pass through
暮れる	くれる	to grow dark
沸く	わく	to grow hot (e.g. water); to boil
下げる	さげる	to hang; to suspend
手伝う	てつだう	to help; to aid
打つ	うつ	to hit; to strike
開く	ひらく	to hold (meeting, party, etc.)
急ぐ	いそぐ	to hurry; to rush
増える	ふえる	to increase
知らせる	しらせる	to inform
調べる	しらべる	to investigate; to look up
笑う	わらう	to laugh
生きる	いきる	to live; to exist
負ける	まける	to lose; to be defeated
間違える	まちがえる	to make a mistake in
騒ぐ	さわぐ	to make noise
進む	すすむ	to make progress; to improve
移る	うつる	to move (houses)
引っ越す	ひっこす	to move (houses)
動く	うごく	to move; to stir
払う	はらう	to pay (e.g. money, bill)
訪ねる	たずねる	to pay a visit to
行う	おこなう	to perform; to do

拾う	ひろう	to pick up
植える	うえる	to plant; to grow
祈る	いのる	to pray; to wish
引き出す	ひきだす	to pull out; to withdraw
育てる	そだてる	to raise; to rear
治る	なおる	to recover (from an illness)
残る	のこる	to remain; to be left
思い出す	おもいだす	to remember
直す	なおす	to repair
戻る	もどる	to return; to go back
鳴る	なる	to ring; to sound
上る	あがる	to rise; to go up
焼く	やく	to roast; to grill
申す	もうす	to say; to be called
申し上げる	もうしあげる	to say; to tell
探す	さがす	to search for
ご覧になる	ごらんになる	to see; to look; to watch
送る	おくる	to send; to transmit
別れる	わかれる	to separate
揺れる	ゆれる	to shake; to sway
光る	ひかる	to shine; to be bright
眠る	ねむる	to sleep
滑る	すべる	to slide (e.g. on skis)
漬ける	つける	to soak (in)
塗る	ぬる	to spread; to smear
立てる	たてる	to stand up
始める	はじめる	to start; to begin
泊まる	とまる	to stay at (e.g. hotel)
盗む	ぬすむ	to steal
踏む	ふむ	to step on
止める	とめる	to stop; to turn off
受ける	うける	to take (a test)

思う	おもう	to think
投げる	なげる	to throw
捨てる	すてる	to throw away
片付ける	かたづける	to tidy up; to put in order
触る	さわる	to touch
乗り換える	のりかえる	to transfer (trains)
運ぶ	はこぶ	to transport; to move
回る	まわる	to turn; to revolve
伺う	うかがう	to visit
起す	おこす	to wake up
勝つ	かつ	to win
包む	つつむ	to wrap up; to pack
道具	どうぐ	tool
交通	こうつう	traffic
翻訳	ほんやく	translation
番組	ばんぐみ	TV show
二階建て	にかいだて	two-storied building
台風	たいふう	typhoon
下着	したぎ	underwear
残念	ざんねん	unfortunate
大学生	だいがくせい	university student
珍しい	めずらしい	unusual; rare
利用	りよう	use; application
乗り物	のりもの	vehicle
非常に	ひじょうに	very; extremely
お見舞い	おみまい	visiting someone who is ill
戦争	せんそう	war
水道	すいどう	water service
泳ぎ方	およぎかた	way of swimming
仕方	しかた	way; method
天気予報	てんきよほう	weather forecast
さ来週	さらいしゅう	week after next

西洋	せいよう	Western countries
家内	かない	wife (my wife)
一生懸命	いっしょうけんめい	with all one's effort
以外	いがい	with the exception of
以内	いない	within; inside of; less than
女性	じょせい	woman; female
素晴らしい	すばらしい	wonderful; magnificent
お嬢さん	おじょうさん	young lady
お宅	おたく	your house, home, or family
動物園	どうぶつえん	zoo

Printed in the USA
CPSIA information can be obtained
at www.ICGtesting.com
LVHW011536021123
762607LV00002B/6